船用低速柴油机燃烧与性能

王筱蓉　唐文献　姜根柱　著

北京理工大学出版社
BEIJING INSTITUTE OF TECHNOLOGY PRESS

图书在版编目（CIP）数据

船用低速柴油机燃烧与性能 / 王筱蓉，唐文献，姜根柱著．—北京：北京理工大学出版社，2017.7

ISBN 978－7－5682－4583－8

Ⅰ．①船…　Ⅱ．①王…　②唐…　③姜…　Ⅲ．①船用柴油机－低速柴油机　Ⅳ．①U664.121.1

中国版本图书馆 CIP 数据核字（2017）第 196259 号

出版发行 / 北京理工大学出版社有限责任公司
社　　址 / 北京市海淀区中关村南大街 5 号
邮　　编 / 100081
电　　话 /（010）68914775（总编室）
　　　　　（010）82562903（教材售后服务热线）
　　　　　（010）68948351（其他图书服务热线）
网　　址 / http：//www.bitpress.com.cn
经　　销 / 全国各地新华书店
印　　刷 / 三河市华骏印务包装有限公司
开　　本 / 710 毫米 × 1000 毫米　1/16
印　　张 / 13.5
字　　数 / 202 千字
版　　次 / 2017 年 7 月第 1 版　2017 年 7 月第 1 次印刷
定　　价 / 68.00 元

责任编辑 / 封　雪
文案编辑 / 党选丽
责任校对 / 周瑞红
责任印制 / 李志强

前言

柴油发动机优于汽油机等其他内燃机，表现在其能耗低、热效率高、动力强劲、良好的经济性等方面，这些优势使其成为现代最重要的船舶主机。据可靠数据统计，在1998年，世界各国造船总计为1 080艘，其中有1 078艘为柴油机船舶，占造船总量的99.8%，而这一状况在未来10年或更长的时间内，从根本上不会发生太大的改变。21世纪以来世界造船产量每年以7%～10%的速度增长，2007年世界船舶完工量已达近8千万载重吨，其中90%左右均由中、日、韩三国制造完成，中国造船完工量达到近1.9千万载重吨，占世界造船总量的23%，位列世界第三。

柴油机在燃烧过程中，因其热效率高，缸内局部燃烧温度增加，最大爆发压力大，在生成完全燃烧产物的同时也会产生一系列废气及环境污染物，对生态环境造成严重的危害。船用柴油机排放的主要污染物包括CO、HC、NO_x、SO_x和PM，即碳烟、未燃燃油、硫酸盐等。它们对生态环境与人体健康会造成严重危害。其中危害性最大、最直接的NO_x、SO_x和PM，已成为现代船舶柴油机限排、减排主要的控制对象。

国际海事组织（International Maritime Organization，IMO）针对《MARPOL公约》（即《国际防止船舶造成污染公约》）进行了修正，在原有的基础上增加了附则Ⅵ，对船舶柴油机NO_x的排放提出了严格的要求，附则Ⅲ规定的到2016年的NO_x排放的限值比现行的附则Ⅱ标准降低了近80%。而今后国际法规对船舶柴油机有害污染物的排放限制将会更加严苛，意味着对船舶制造商有着更高的标准和要求。作为IMO的缔约国，我国自2005年3月起已颁布了关于实施《MARPOL公约附则Ⅵ》的通报，标志着相关排放法规正式与国际接轨。

国务院最新的防止船舶污染海洋环境管理条例规定：从2010年3月起，在中华人民共和国海域内，船舶排放物（如废物、有害气体等）的标准必须在国际条约、相关法规的规定之内，进一步对船舶柴油机的污染物排放给出明确的界定，使中国远洋船舶柴油机排放限制标准与国际法律法规同步，并始终维持在较高的水平。

21世纪柴油机电控技术的发展进入鼎盛时期，而电控技术在船舶柴油机中的应用，不仅改善了整机的工作性能，同时还提升了对排放要求的控制，在减少排气污染、降低油耗、改善动力性、提高可靠性的基础上，使柴油机综合性能得到全面的优化与提升。而高压共轨燃油喷射系统成为现、当代应用最为广泛的可由电子单元对其进行控制的燃油系统，它能够使喷射压力维持恒定，通过电子控制可以对喷射压力、喷射持续期、喷油始点等重要控制参数进行灵活柔性的调整。高压共轨燃油系统的优势及特点表现在：①可对喷油压力、喷油始点、喷油持续期进行独立的变化调节，处于不同工况下的发动机，随着喷射压力与喷入油量的变化可灵活控制，从而实现在低转速时维持较高的喷射压力，降低排放和提高燃油经济性的目的；②高压喷射的连续性与稳定性，使燃油液滴细化得更好，提升了油、气混合质量，改善了燃烧，提高了排放的性能；③电控单元（ECU）可获得合理的喷油量与喷油持续期，精准控制喷射过程，多级喷射策略得以实现，在燃烧过程优化的同时降低燃烧噪声及有害物的排放；④结构简单，适应性强，可靠性高，易于匹配，有广阔的市场前景。综合以上船用柴油机的发展现状、限制节能减排的重要性，以及电控技术发展应用的成熟性，在进气系统和燃烧系统的性能已经确定的情况下，优化柴油机喷油特性以达到控制改善整个燃烧过程，降低排放就成了关键所在。

船用低速二冲程柴油机的性能主要取决于气缸内的气体流动、燃油的燃烧及燃烧参数的合理匹配。本书第2~5章以某船用低速二冲程柴油机为研究对象，对其扫气过程、燃烧过程进行仿真研究，将仿真所得的缸压曲线与试验值进行对比，验证了仿真的正确性；在对仿真结果进行分析的基础上，分析了部分控制参数对性能的影响，获得温度、燃油、NO_x排放的分布云图，以及缸内温度、燃烧放热率、NO_x生成历程等曲线。在此基础上研究了米勒循环、喷油正时和喷油参数对船用低速柴油机燃烧性能的影响，为船用低速柴油机的开发提供参考。

船用柴油发动机的动力性能和燃油经济性等受到诸多因素的影响，最终排放性能取决于燃烧程度的好与坏，而喷油(雾)特性对于柴油机整体燃烧过程有着决定性的影响。本书第6~8章研究了船用柴油机的喷油特性对整机综合性能的影响，包括不同喷油规律、多次喷射参数以及喷油器参数对船用低速柴油机燃烧过程的影响规律，通过参数优化改善柴油机的燃烧过程，在降低柴油机有害物排放的同时又能满足其对动力性与经济性的要求。

目录

第1章 绪　　论

1.1　研究的背景与意义

柴油机具有热效率高、比油耗低、功率覆盖面宽、使用寿命长等显著优点，常被用作船舶推进动力。柴油机的原理是将柴油的化学能转化为曲轴的机械能。20 世纪 50 年代后，几乎所有的船舶主机都使用柴油机，如军舰、客货轮船、民用船舶、中小型舰艇及常规潜艇等。根据其在船舶中的作用不同，船用柴油机分为用作船舶推进动力主机和用来带动发电机、空气压缩机等的辅机。图 1.1 所示为典型的船用低速柴油机。随着我国海军逐渐强大、海洋装备业的发展以及国际贸易的增加，各类军舰及船舶的需求量增大，船市需求的增加带动了船用主

图 1.1　船用低速柴油机

机及辅机的大发展，“十一五”期间我国船用柴油机产业获得了快速的发展，造机产能及产量大幅增长，成绩斐然。我国船用低速柴油机生产企业由2005年的三家增加到2010年的14家，生产能力从250万马力①增至570万马力。

虽然我国船用柴油机在“十一五”期间取得了较大的成绩，但距市场需求仍有较大差距，据有关部门统计，我国在2008—2011年的三年年均船用柴油机进口额高达23.3亿美元。按照我国2011年船用柴油机的需求来算，当年仍有50%左右的主机需从国外进口，这说明我国船用柴油机生产能力还有待加强。

在船用柴油机技术方面，我国长期受制于人。目前主要靠技术许可的方式引进国外品牌，MAN B&W、瓦锡兰等是我国以技术许可方式引进的最多的船用柴油机品牌。由于大多数企业过于注重引进技术，对引进的技术消化吸收不足，而侧重于制造工艺技术的改进和应用，以及自身制造能力的提升，因而我国在船用柴油机方面自主研发能力十分薄弱。目前尚没有自主研制的船用低速柴油机品牌；中速机虽有几个系列的自主机型，但总体技术水平与国外企业尚有较大差距。为改善我国船用柴油机自动研发能力薄弱的面貌，国家实施了一系列船用动力系统研发项目，并成立船舶动力系统国家工程试验室来逐步提升我国船用柴油机的研发能力。

近年来，随着环境污染的日趋严重，人类环保意识的提高，大气污染物的排放受到了国际社会和各国政府的重视，就船舶柴油机的排放而言，根据有关部门的统计，全球每年约有1 000万t的氮氧化物，850万t的硫氧化物的废气污染来自船舶柴油机，而在海岸线400 km以内营运的海上船舶超过70%，船舶排放的大气污染物相当严重，尤其是在船舶流通量较大的港口、海峡等海区，这些地区的主要污染源几乎就是船舶排

① 1马力=735.499 W。

放的废气。为防止来自船舶的空气污染，国际海事组织（IMO）以《MARPOL 公约》附则（Tier）的形式出台了《防止船舶造成大气污染规则》，该规则已于2005 年5 月19 日实施，在MARPOL 73/78 附则中有关于船用柴油机 NO_x 的排放限制的规定，这一规定主要应用于2000 年1 月1 日后建造的（定义为安装龙骨或者类似结构的日期）、安装在船舶上、功率超过130 kW 的柴油机；对于2000 年1 月1 日以后改造的功率超过130 kW的柴油机也具有同样的效力。船用柴油机排放的主要污染物如图1.2 所示，在这些污染物中，NO_x 的排放将受限于严格的IMO 排放法规（2011 年TierⅡ，2016 年TierⅢ），如图1.3 所示。按照排放法规的规定，2011 年1 月1 日以后建造或装船的柴油机的 NO_x 排放需满足TierⅡ，比 TierⅠ降低20%，2016 年1 月1 日后安装的柴油机在指定的硫排放控制区时，其 NO_x 排放需满足TierⅢ，相比 TierⅠ降低80%。

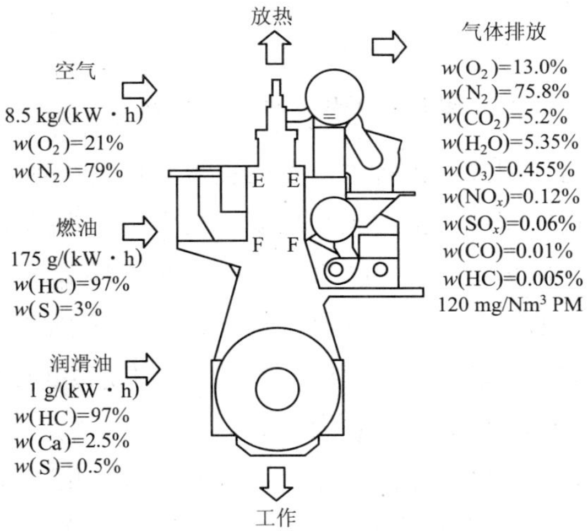

图1.2 船用柴油机排放的主要污染物

另一方面，柴油机的运转离不开石油资源，而石油资源却是不可再生资源，两者之间相互影响，密不可分。自1973 年第一次大规模的石油危机爆发以来，人们就认识到了石油资源的有限性。据现有条件的估计，全球可供开采的石油储量在 1.35 千亿 t 左右，若保持目前开采速率不变的话，只可满足约 35 年的需要，之后石油资源面临枯竭；2000 年以来，不管是国内还是国外石油价格均大幅上涨，尤其是 2005 年到 2007 年，上涨更是厉害。因此在寻找新的替代能源的同时，如何提升现有资源的单位利用效率、节约能源是当前大家共同关注的焦点。

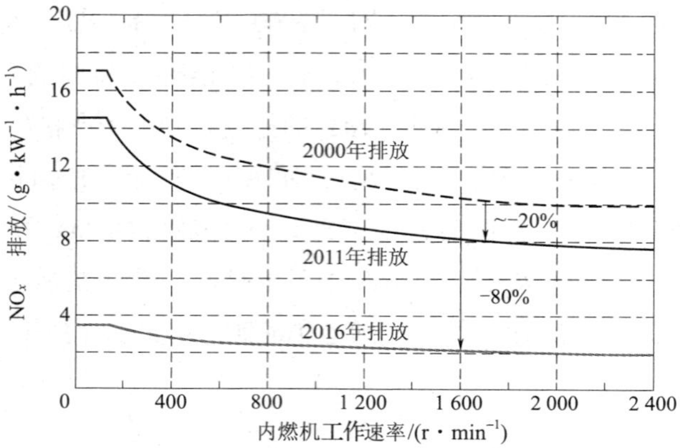

图 1.3　IMO NO_x 排放法规

国家层面对船用柴油机自主研发的重视、排放法规的日益严格以及节约能源的现实需要，推动了船用柴油机自主研发前进的步伐。而柴油机三维性能仿真是柴油机研发过程中的重要环节之一，应用 CFD 软件模拟实际柴油机内的流动和燃烧情况，不但可以减少不必要的试验研究，节省成本，缩短研发周期，而且可以更加方便地掌握柴油机缸内燃烧的相关性能信息，如缸内压力、放热率、缸内温度及各场变量的云图等，为柴油机性能的优化和结构的改进提供指导。而热传导学科的发展，也使人们对柴油机内的热量和能量交换或者转化有了更深入的理解，因此在柴油机设计前设计人员就能大致了解其将达到的性能指标。基于我国船用低速二冲程柴油机研究的实际情况及现实需要，本书对船用低速二冲程柴油机的流动和燃烧性能进行三维仿真分析，为船用柴油机的开发提供一定的参考。

1.2 国内外研究现状

1.2.1 柴油机燃烧性能的国内外研究现状

船用柴油机由于功率较高，气缸容积大（目前世界上设计船用柴油机最大的缸径为 1 080 mm），试验研究成本相对车用柴油机要大得多，因此相关科研人员及研究成果相对车用柴油机要少得多，只有有足够实力的实体才有条件对船用主机进行系统的研究。就目前柴油机燃烧性能的研究趋势来看，波及全球的能源危机加之排放法规的严格使柴油机的性能研究朝三个方向发展：一是提高现有柴油机的热效率；二是研究替代燃料燃烧性能；三是减少尾气的排放。这三个方面均与柴油机的燃烧过程密切相关，如何合理地组织燃烧成为柴油机研究的热点。

目前常用柴油机的能量转化效率在 40% ~45%，还有 7% ~8% 的提高空间，届时热效率将达到 52% 左右。而船舶低速柴油机的效率相对较高，如今一些船用主机的热效率已达 50% 左右，但仍存在提升空间。平涛等人认为船用柴油机分布式共轨系统能显著改进系统的动态性能，是未来船用柴油机共轨系统发展趋势的代表。宋文福对高压共轨柴油机燃烧特性与排放特性的研究表明，通过提高共轨喷射压力能显著提高柴油机的热效率，改善做功能力，且随着喷射压力的增加，柴油机的燃烧情况得到改善。尹成彬等人在船用共轨柴油机上研究了燃油喷射系统控制策略，提出了应用于船用共轨柴油机且满足动力性、经济性和排放指标的燃油喷射系统的具体控制策略。而电控高压喷射共轨燃油系统的应用，使燃油喷射参数的控制更加随意，二次喷射与多次喷射的研究此起彼伏，使柴油机性能的改善有了更多的选择。安士杰等人在船用柴油机共轨系统上进行多次喷射的试验研究表明，多次喷射与共轨技术相结合不仅使柴油机排温下降 40 ℃，噪声下降

15 dB，而且碳烟（SOOT）排放也得到了显著的改善。田径等人对单次喷射及三段喷射的试验研究表明，后喷参数的合理调整对改善发动机的各项性能指标均有益。岳艳在柴油机上进行了多次喷射的试验研究，认为多次喷射结合废气再循环（EGR），具有满足“国 V”排放的潜力。

在尾气排放控制方面，船用主机 TierⅡ法规的实施及 TierⅢ法规实施日期的临近，给船用主机的研发带来了新的挑战，为满足 TierⅡ法规的要求，较常采用的技术措施主要有：米勒循环、EGR、涡轮增压、燃油乳化、推迟喷油等，Feserico Millo 等人对瓦锡兰 6 缸四冲程船用中速柴油机的研究表明，虽然采用外部 EGR 结合强米勒循环降低了燃油的经济性，但是大幅减少了 NO_x 的排放；德国的 Moritz Frobenius 等人对中速柴油机的研究表明，提前喷油，缸内的峰值压力、温度升高，NO_x 排放增加，由于高温和长的氧化时间，SOOT 的排放可降低约 50%；Marko Pueschel 等人研究了冷却 EGR 与后喷射技术组合来应对 TierⅢ的排放限值，结果表明，若要达到 NO_x 的限值，需要使用接近 30% 的 EGR 率，但此时 SOOT 排放很高，结合后喷技术，可使 SOOT 排放降低 40%；Jonathan Dolak 等在大缸径二冲程柴油机上对发动机几何及喷射参数进行了仿真研究，在对喷孔个数的研究中发现喷油器上喷孔过多，喷孔喷出的喷雾之间相互干涉导致空气较难卷入燃油区，因此使 NO_x 和 SOOT 的排放增加；Tadeusz Borkowski 研究了缸内过程变量对大缸径低速船用柴油机氮氧化物排放的影响，在对喷孔阻塞情况下缸内燃烧过程分析中指出燃用重油时，喷孔损坏将严重影响缸内燃烧过程，进而对 NO_x 的形成产生影响。但这些技术单独使用并不能满足 TierⅢ的要求，需要配合相应的后处理技术来减少尾气的排放，如选择性催化还原（Selective Catalytic Reduction，SCR）。刘森认为船用柴油机 SCR 反应器的压损主要集中在催化剂载体区域，添加混合器可以提高 NH_3 与废气的混合程度，提升催化转化效率；辛喆等人的研究表明柴油机 Urea－SCR 催化器压力损失主要源自催化器载体的沿程阻力，柴油机安装 SCR 催化器装置后其动力性、经济性下降约 5%。此外，对于柴油机排放物中的硫氧化物，一般是通过控制燃料中的硫含量从源头上加以解决的，低硫柴油将是我国今后低污染高品质柴油的研制目标，国际上的研究多集中在柴油燃料的组分对柴油机燃烧、排放以及排气后处理器等方面的影响上。

在替代燃料研究方面，目前研究比较热门的燃料有天然气、二甲醚、醇类燃料、混合燃料以及生物柴油等。马凡华等人将不同掺氢比的 HCNG 燃料应用于天然气发动机，研究发现，怠速条件下向天然气中掺入一定量的氢气，发动机的热效率有所提高，经济性也有一定程度的改善；黄震等人的研究表明二甲醚发动机的燃烧高效、清洁，对缓解我国石油资源短缺及生态环境恶化具有重要意义；楼狄明等人在共轨柴油机上研究了不同配比生物柴油对非常规排放的影响，他们认为：燃用生物柴油与石化柴油组成的混合燃料可使醛类、SO_2、CO_2 等非常规排放减少，且生物柴油掺混比例越高，非常规排放越低；吕兴才等人对乙醇、生物柴油双燃料发动机研究发现，着火时刻随乙醇的预混合比的增加而推迟，放热率峰值随之增加而增加，乙醇的加入使 HC 和 CO 排放明显增加的同时使 NO_x 和碳烟排放迅速下降。不同燃料的理化性质的差异，致使其转化为机械能的功率密度相差较大，因此目前多处于研究阶段，尚未大面积推广应用。

1.2.2 燃料喷射系统的发展和现状

人们常把燃料喷射系统比作柴油机的“心脏”，它的作用是为发动机在准确的时刻提供精确计量的燃料。燃料必须在足够高的压力下通过合适的喷嘴喷入燃烧室中来达到最好的雾化效果，并确保它能和足够的空气混合，在有限的时间内完全燃烧。这样发动机可以在燃油消耗最少、排放最低的情况下输出额定功率。

传统的燃料系统由一个用于燃油雾化的高压空气喷油器构成。19 世纪 30 年代，这种传统系统被博士公司的螺旋－控制设计所替代，新的系统可以通过机械和液压元件调节燃料量，目前博士公司的泵－管－嘴（P－L－N）系统（见图1.4）在柴油机上仍应用最广。这种燃料喷射系统有一个明显的优势，就是它可以很容易地安装在柴油机上，但是它用于连接油泵和各缸喷油器的高压油管太长而降低了整个系统的液力刚度，也限制了喷射压力的增加。单体泵（UPS）系统每缸有一个喷油泵，每个喷射单元与相应气缸靠得更近，这样缩短了高压油管的长度，有利于提高喷射压力，因此它在大型柴油机上应用广泛。近年来电控技术的发展推动了单体泵系统的发展，使它在大型柴油机领域还处于主导地位。

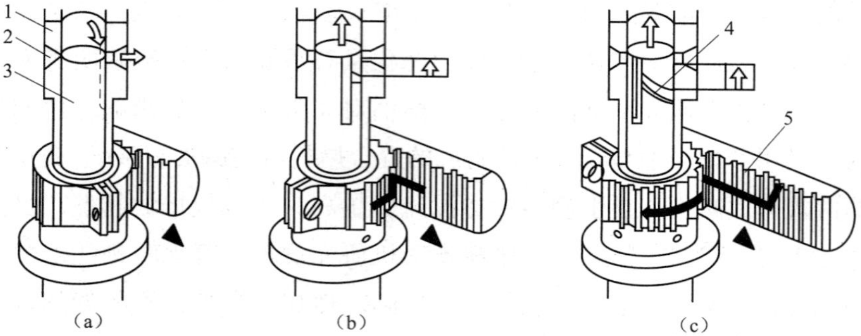

图1.4　旋转柱塞泵和螺旋槽的工作原理

(a) 停油位置；(b) 部分负荷供油位置；(c) 全负荷供油位置

1—壳体；2—前泵体；3—传动轴；4—配油泵；5—齿条

新型的高压燃油喷射系统迅速发展以满足日渐严格的排放法规，主要将电控泵－喷嘴系统和高压共轨系统作为参考依据。事实上，早在20世纪这两种高压喷射原理就已经被使用了，只是在现代电控技术取得巨大进步之后，才有了勃勃的发展生机和应用前景。电控泵－喷嘴系统（见图1.5）将喷油泵与喷油器合为一体，限制了连接高压油管的长度。它实现了高压喷射，并被广泛用于汽车和小型船用柴油机。高压共轨燃油喷射系统（见图1.6）本质上是一个蓄压喷射系统，它将高压供油和燃油喷射功能分离，高压油泵提供的高压燃油直接送入蓄压管道（共轨），这有利于保持稳定的喷射压力。由于喷射压力不随转速变化而改变，因此低速和低载荷时燃油的雾化质量得到改善。此外，依靠电控技术可以有效调节喷油量、喷油压力、喷油时刻和喷油次数。高压共轨燃油喷射系统除了在中低功率柴油机之外，还在大型船用和机车柴油机上有广阔的应用前景。

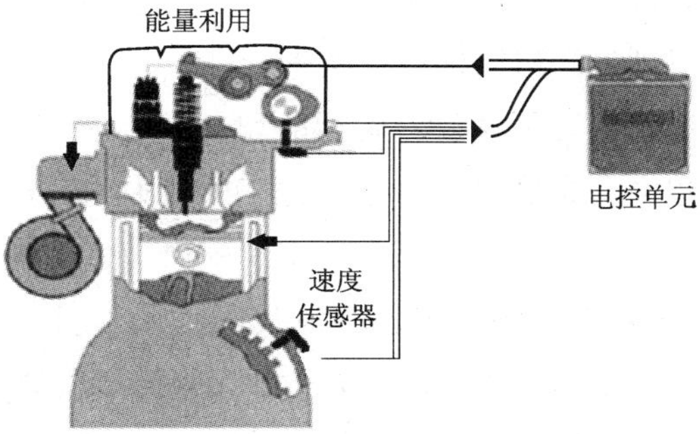

图 1.5 电控泵－喷嘴系统

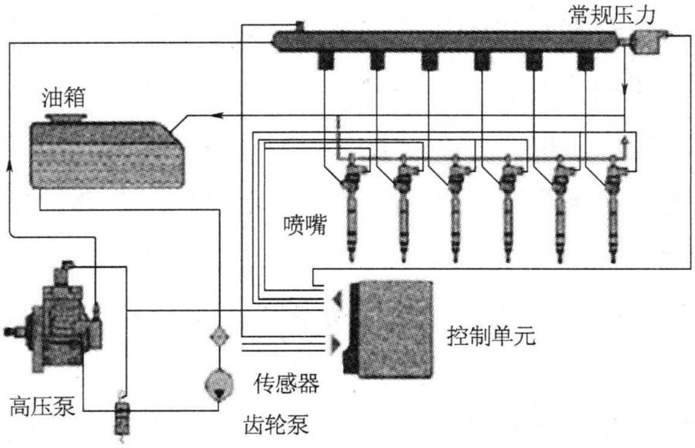

图 1.6 高压共轨燃油喷射系统

本书研究的某船用低速二冲程柴油机的燃料供给是由电控高压共轨系统实现的。

1.2.3 柴油机燃油喷射优化技术的国内外研究现状

柴油机喷射系统的优化技术包括柴油机喷射策略的选择和喷油参

数的优化。

1. 喷射策略的选择

随着以电控为基础的喷射技术发展日趋成熟，喷射的多级组合技术已成为柴油机降低排放、获得良好性能的重要手段。多次喷射是将每循环固定喷射的燃油总量分为两次或多次进行分步喷入，这样能够合理地控制燃烧过程，达到在对 NO_x 排放不产生明显影响的情况下降低颗粒排放，以满足严格的排放法规。

多级喷射策略包括预喷射、后喷射和三级喷射。其中，预喷射是在多次喷射过程中，先将少量的燃油先于主喷射前，选择一个适当的时刻喷入燃烧室中，在喷射过程中设定了一次较短的停滞期，也就是所谓的预/主喷间隔期。预喷射作为现代降低柴油机 NO_x 排放与燃烧噪声的有效方法和手段，已被广泛采纳并展开深层次的研究。

诸多国外相关领域的学者、科研人员以电控共轨喷油系统为基础，采用多次喷射（包括预喷和后喷）策略，证明此手段能够明显降低柴油机燃烧过程中有害物质的排放。20 多年前国外将此项技术大多集中于优化燃烧性能的研究方面，近些年，特别针对预喷射，其研究重心已逐渐转向对柴油机的排放特性的影响研究方面。

美国威斯康星大学（麦迪逊），早在20 世纪90 年代就开展进行了多级喷射方式下针对柴油机主要排放物（NO_x 和 SOOT）的排放以及综合性能参数的科研，结果表明：柴油机的最佳喷射效果取决于喷雾夹角、各阶段的喷油正时与负荷等多重因素。若采用两次喷油策略，第一次预喷量对柴油发动机的排放、性能产生显著的影响，随着预喷量的增加，到达缸内的最大燃烧压力时刻推迟，造成此现象的主要原因是初次喷入油量的增加，必须配合主喷阶段喷油正时的延迟以满足油耗的要求，并保证缸内压力的大小维持在一个允许的范围内；继续增加预喷量，将减少颗粒排放，NO_x 的排放增加。当发动机处于 75% 大负荷工况时，较大的预/主喷间隔角（约 10 ℃A）可使颗粒物排放降低3%，同时不会增加 NO_x 的排放，但油耗率增加近2.5%；而在不同工况下，小预喷量（小于13%）能控制燃烧最大压力，降低 NO_x 的排放。

此外，相关研究结果表明：预喷射引发的初期燃料的引燃现象，使着火延迟期缩短，降低了预混合阶段的燃烧总量；同时初期缸内燃烧温度升高、放热始点前移且靠近上止点（Top Dead Center，TDC）附近。可见，在全工况范围内，采取预喷射的喷油策略对降低柴油机的燃烧噪声与油耗效果显著；而预喷阶段的燃烧产物会被主喷射油束卷吸，抑制其最大瞬时放热速率，主燃期缸内平均温度降低，有效地减少了 NO_x 总的生成量。

相关研究结果表明：少的预喷量或小的预喷燃烧量有利于烟度的降低。而必须保证足够的预喷量，才能在预燃阶段产生一定的燃烧产物，进而降低主燃期的缸内燃烧温度；但预喷量过多，会因为先期燃烧产物生成区域过大，导致主喷期的燃油吸卷燃气而使雾化后的燃油处于缺氧状态，造成烟度与 NO_x 生成量的增加。

山东大学的石博士等采用多次喷射，进行柴油机工作噪声及排放特性影响的试验与仿真性研究，研究发现：预喷射较一次喷射的燃烧效果更佳，且较少的预喷量或较大的预/主喷间隔能够在不增加烟度排放的同时又能很好地改善 NO_x 的排放。吉林大学的解方喜等人将预喷射用于某高负荷车用柴油机的研究中，同样采用试验与仿真相结合的手段，发现预喷射量与预/主喷间隔角存在一定关系，某一界限内两者的合理匹配能够获得较为理想的 NO_x 排放效果；天津大学的裴毅强等人也是基于预喷射对柴油机性能影响方面展开实验性研究，研究发现：较小的预喷量配合较大的喷油提前角，有助于降低碳烟的排放，但随着预喷量的增加和喷油正时的推迟，柴油机性能有所恶化。吴贻军等利用预喷射在9个工况点下的高压共轨柴油机，对其燃烧过程进行模拟，研究中发现：保持预喷量不变，随着喷油间隔期的增加，一氧化氮排放下降，烟度有所增加，且最大压升率上升；预喷量过大，致使柴油机在主燃期前缸内就燃烧释放热，显著提高了初期放热与压升率，造成 NO_x 与烟度生成的急剧增加，而小的预喷量能够降低 NO_x 的排放和压力升高率，且不会造成烟度排放和指示功率的明显增加。

2. 喷油参数的优化

柴油发动机的燃料喷射参数主要包括：喷射压力、喷射定时、喷射速率、喷油器孔的数量以及孔径等。采用多次喷射可以有效地降低喷射压力，而优化多次喷射参数，如喷射速率和喷射间隔时间可以有效地提高柴油机热效率，降低排放。

（1）喷油速率

提高喷油速率的同时降低喷油持续时间，对柴油机的排放产生明显的影响，佐藤敬一等人通过试验发现：喷油速率的提高能同时降低 NO_x 和烟度的排放。实际的喷油速率又与喷油器的结构参数紧密相关，Peter L Herzog 在文献中论述了能够优化喷油速率的几种方法：为了延长喷射燃油的持续时间，可缩小喷嘴油孔面积和减少供油流率，通过改进油嘴结构实现对喷油嘴流量的控制。另外，喷油速率也会影响柴油机的经济性、噪声以及有害物质的排放，应针对柴油机综合性能进行权衡以探求最佳的参数匹配。清华大学的杜传进、欧阳明高等基于柴油机燃油喷射系统，通过对喷油速率的柔性控制研究发现：在低速载荷时，利用高的供油速率产生高的喷油速率，可以同时改善微粒和 NO_x 的排放。

（2）喷射间隔时间

喷射间隔时间是多级喷射的喷油系统所特有的喷油参数，它对于柴油机的整个燃烧过程有着重要的影响。对于采取预喷射的柴油机而言，若预/主喷间隔时间选择不合理，会在很大程度上恶化燃烧。P. J. S. 等人探究了不同的喷射间隔角在两段喷射策略中，对氮氧化物、烟度的排放影响，研究表明：当喷射间隔时间在 0 ~ 0.5 ℃A（以曲轴转角计）小幅变化时，随着预喷量的增加，烟度生成降低，但 NO_x 的排放有所升高；喷射间隔时间增加至 20 ℃A 时，烟度的排放量增加，NO_x 生成量降低。川汪洋、苏万华等人通过试验研究发现：理想的预/主喷间隔时间应使初次喷油发生燃烧反应，其产物较易被第二次（主喷期）的初射燃油卷吸，若预/主喷间角过小，将导致主喷射燃料油束吸卷更多预喷射阶段的燃油，不利于 PM 的排放；而间隔时间过长，就失去了预喷射的引燃作用，不利于降低 NO_x 的排放。

1.2.4 喷油器参数的国内外研究现状

喷油器是燃料喷射系统最为重要的构成部分，它的结构和相关参数对燃油喷雾特性产生最为直接的影响，而后进一步影响整个混合气的形成和燃烧过程。因此，喷油器参数对柴油机燃烧过程的影响是研究热点，也是重点。

瑞士的 Martin Stoecki、Peter Affolter 等人研究了燃烧重油的柴油机和气体机的电控燃料喷射系统的长期稳定性和耐用性，他们从喷油器设计、油泵设计、质量工艺、系统测试及可修复性等方面论述了如何提高燃料喷射系统的性能。伊朗的 Ghasem Javadirad、Mofid Gorji、Mojtaba Keshavarz、Seyed Ail Jazayeri 等人提出了一种多区域喷射模型，也是一种重型柴油机喷射参数优化的有效方法，研究结果表明：多区域混合模型是一种预测直喷式发动机的性能和排放的有效方法，他们应用该模型研究直喷式重型柴油机在不同喷油器和喷射策略下的燃烧性能，得到了效率最高、排放最低的发动机参数。德国的 Fabian Pinkert、Ibrahim Najar、Carsten Schmalhorst 等人研究了喷嘴和喷孔设计对中速柴油机混合气形成的影响，研究结果表明将圆锥度从 0（圆柱）增加到 3，喷孔内部流动特性和喷雾特性都有明显变化，而将圆锥度从 3 增加到 6 没有显著变化。替换喷孔几何形状对中速柴油机排放有积极的影响。韩国的 Chang－Su KIM、Dong－Ho LEE、Young－Sam CHO 等人进行了大型二冲程柴油机 HSD－MAN B&WS70MC 的喷雾过程的 CFD 仿真结果和试验结果的对比研究，研究结果表明：液滴和燃油蒸气均位于活塞表面和缸盖的垂直中心；喷油器喷孔方向过于接近会导致碳烟的排放量增多，散开的喷孔方向会导致 NO_x 的排放量增多；喷孔周线方向与涡流流线方向夹角增加，缸内涡流方向 SOOT 的排放量也会增多。日本的 Hiroyuki Endo、Yuji Oda、Masahiko Okabe 等人对船用低速柴油机 MHI UEC85LS Ⅱ进行了三维仿真研究，研究结果表明：随着燃油喷孔轴线与涡流流线方向夹角减小，活塞和缸盖表面的传热率变大。

江苏大学的魏胜利、王忠、毛功平等人研究了喷孔夹角对涡流室燃烧的直喷柴油机性能的影响，获得的喷孔夹角拥有较好的排放性能。上海师范大学的石玲、刘建房、范君艳等人研究了喷孔夹角对直喷汽油机混合气的形成与燃烧特性的影响，研究结果表明：增加喷孔夹角，减小喷雾之间的互相作用，有利于燃油雾化，改善了缸内的混合气及缸内的燃烧，提高了缸内压力和放热率。大连理工大学的周苗、隆武强、冷先银等人研究了柴油机喷油器参数对于其燃烧特性的影响，研究结果表明：喷孔数对喷雾质量有影响，喷孔锥角对油气混合质量有影响。江苏大学的吕峰、蔡忆昔、李小华等人研究了直喷柴油机喷油器参数如何影响喷油及燃烧过程，研究结果表明：随着喷孔数的增加，燃油雾化速率升高，而油束贯穿距减小；油气掺混速率升高，进而提高了燃油燃烧速率和升压率；此时烟度排放量下降，而 NO_x 略有升高。李华莹、刘建敏、郭猛超等人研究了柴油机喷嘴参数如何影响喷油规律与性能，研究结果表明：喷孔数和喷孔直径对喷油规律产生影响的反应最敏锐，喷孔夹角对喷油规律的影响微弱。

1.2.5　内燃机燃烧过程数值模拟的发展和现状

柴油机缸内的燃烧过程非常复杂，它涵盖涉及多种学科理论，如燃烧学、流体力学和传质传热学。随着计算机的问世与科技的高速发展，柴油机的各种燃烧模型取得了很多重大成果。近几年，国内外许多著名的研究机构对新时代内燃机燃烧理论、技术展开了大量且深入的研究。典型代表有：均质充量压缩着火燃烧（Homogeneous Charge Compression Ignition，HCCI）、伞型喷雾燃烧、MK（Modulated Kinetics）燃烧、均质充量－喷雾复合燃烧（Homogeneous Charge Diesel Combust，HCDC）以及低温燃烧（Low Temperature Combustion，LTC）。它们的特点都是在发生燃烧反应前获得较稀的、高度混合或部分混合的预混合气，实现低温预混合燃烧。上述新的燃烧方式从总体上又可以分成HCCI和PCCI预混合充量压缩着火燃烧两大类。

内燃机燃烧模型与数值仿真研究的发展几乎是同步进行的，近40年来，内燃机燃烧模型的研究先后经历了放热率计算、零维模型、准维模型和多维模型四个阶段。

1. 放热率计算

在满足能量守恒方程以及经验传热公式的基础上，根据现场测量得到的缸内压力数据（示功图）计算燃料燃烧放热的进程就是放热率计算。放热率计算的优势在于其简单、直观，有一定的燃烧分析作用，因此至今在性能研究中仍有广泛的应用，缺点是它没有严格意义的数学模型。

2. 零维模型

经过对大量实际燃烧过程的统计分析，用经验公式或曲线拟合的方法找出燃烧放热的内在联系，寻找经验公式来表达燃烧放热过程参数间的关系，用几个特征时间参数间的关系来表示复杂的燃烧进程的模型就是零维模型。它是在燃烧模拟研究的早期发展起来的；模型假定缸内工质分布均匀，相关热力学及热物性参数处处相等，即时时刻刻系统均处于热力学平衡状态，所以又称其为热力学模型。热力学模型没有涉及物理及化学反应等复杂现象，将燃烧视为按一定规律向系统加入热量的过程；在分析、计算和预测内燃机性能方面，零维模型起了重要的作用，它可以用来预测燃烧过程中的压力、温度等主要性能指标，在发动机的设计和研究中得到了广泛的应用。相比而言，Weibe 模型和 Watson 模型应用较为普遍。

3. 准维模型

以实际的燃烧进程为基础建立的燃烧模型就是准维模型。准维模型在计算过程中包含了缸内燃烧中油雾的形成及发展、液态油滴与空气的相互作用、工质温度在燃烧室内分布、液态油滴及气态油气浓度在燃烧室内的分布等，把燃烧室看作多个区域，然后计算各分区的温度和浓度。因准维模型是以燃烧过程中的喷雾、混合气形成、火焰推进、燃烧等现象为基础，所以其又被称为燃烧现象模型。

目前已经发展准维燃烧模型的种类较多，其中美国康明斯（Cummins）公司林慰梓等人提出以气相喷注为基础的“气相喷注燃烧模型”和日本广岛大学广安博之等人提出的以油滴蒸发为基础的“油滴蒸发燃烧模型”比较有代表性，应用相对普遍成熟。这类模型一般由喷注模型、燃烧模型及废气排放模型组成，其中喷注模型中油束的几何形态和油气混合气的浓度分布一定。由于准维模型也是以时间（曲轴转角）为单一变量，其控制方程均为常微分方程，因此具有简便易行、计算时间少的优点，但燃烧室几何形状改变及缸内气流状况变化对性能的影响却无法计算。因此，若要模拟燃烧室空间更为接近实际变化，需要建立更加复杂的模型。

4. 多维模型

考虑了缸内过程物理域中二维或三维空间分布的是多维模型，多维模型较零维或准维模型改进很大。在多维模型中，用数值方法求解由守恒方程与描述缸内过程的相应子模型及适当的边界条件组成的方程组。因此，模拟内燃机燃烧过程可以更详细地观察燃烧室的内部温度、压力以及速度等信息。

随着计算机的普及，超级计算机的应用，计算数值方法、计算流体力学、计算燃烧学的发展，自 20 世纪 80 年代以来，内燃机缸内燃烧过程的多维数值模拟获得了飞速的发展。在这一研究领域，比较权威的机构有美国 Los Alamos 国家实验室和英国的帝国理工学院。

从 20 世纪 70 年代中期开始，内燃机缸内工作过程的多维流动和燃烧的数值模拟研究开始兴起。1978 年美国通用公司研究中心举办的国际内燃机学术会议奠定了发动机缸内湍流数值模拟研究的基础，在这次会议上，美国 Los Alamos 国家实验室以 T. D. Bulter 为首的研究小组和英国帝国理工学院 A. D. Gosman 领导的研究小组发表的两篇论文——《关于直接喷射分层充量内燃机燃烧的完全模型的初步研究》和《往复式内燃机缸内流动过程的预测方法的开发》，标志着缸内流动多维数值模拟理论与方法开始走向成熟。

国外在计算模拟的研究和应用上占有主导地位，这与其研究时间早、计算机应用成熟等密不可分。近年来，随着内燃机工作过程研究的快速发展，内燃机工作过程仿真的商用软件也迅速增加，比较著名的有：STAR - CD、FIRE、KIVA 系列程序、VECTIS、RPM（Reciprocating Piston Motion）以及 FLUENT；随着研究及应用的进一步需要，专门针对复杂模型的 Converge 软件以及应用化学反应机理进行计算的 Forte 软件等应运而生，这些商用软件的应用为发动机工作过程的研究提供了十分便利的条件。

发动机多维数值模拟研究在国内起步较晚，高等院校的科研团队率先开始这方面的研究工作，工程应用相对滞后。大连理工大学在 1985 年完成了缸内轴对称二维层流流动的计算模拟。之后，又完成了喷雾模拟、二维燃烧数学模拟等缸内过程的模拟工作。三维数值模拟基本上都是在 20 世纪 90 年代才开始的。在对国外先进计算程序、数学模型和数值方法消化吸收的基础上，国内发动机研究人员也开发出了一些内燃机工作过程数值模拟程序。例如北京理工大学开发了三维内燃机工作过程通用模拟程序 RES3D－Ⅱ；中国科学技术大学火灾科学国家重点实验室开发了计算直喷式柴油机螺旋气道与缸内空气运动的大型微机化程序 IPIC－CFD（Ⅰ）；同济大学、江苏理工大学开发了涡流式柴油机工作过程的三维数值程序 Engine－Ⅱ；吉林工业大学开发了微机版内燃机内多维气流运动模拟程序 SUN－Ⅰ；哈尔滨工程大学开发了基于量子化学理论的发动机 NO 生成模型等。

在 20 世纪 70 年代初期出现了较为粗糙的多维模型，可对燃烧过程进行定性分析。考虑了缸内过程物理域中二维或三维空间分布的是多维模型，多维模型较零维或准维模型改进较大。多维模型涵盖了物理空间内气液两相流体运动，质量、动量和能量的交互作用，油滴的雾化与发展，混合气的形成、着火与燃烧、传热，气相物与微粒的排放以及（活塞和气门）边界的运动等。多维模型计算方法是结合恰当的边界条件用数值方法求解基本守恒方程与描述缸内子模型方程组成的方程组，由于其是一个相对精细的模型，因此用它进行模拟得到的结果可以提供关于缸内燃烧的各标量和矢量空间上瞬态分布的详细信息，所以该模型被称为一个复杂的热力系统。

在 1978 年，英国帝国理工学院和美国 Los Alamos 国家实验室共同提出了多维数值模拟理论和方法。其中，英国帝国理工大学的 D. B. Spalding 等人提出了有限容积法（FVM，Finite Volume Method），而美国 Los Alamos 国家实验室提出了任意拉格朗日－欧拉法（ALE，Arbitrary Lagrangian－Eulerian Method），这两种方法在当前多种数值计算方法中应用最为广泛。

美国 Los Alamos 国家实验室先后于 1985 年、1989 年、1993 年、1997 年开发了一系列计算程序，依次为 KIVA、KIVA－1、KIVA－2、KIVA－3 V，在 1999 年接着开发了 KIVA－3 V 第二版。ALE 数值计算方法进步的同时，缸内物化流控制方程组的解算算法基础是由 D. B. Spalding 于 1972 年提出的半隐式控制容积法（SIMPLE，Semi－

Implicit Method for Pressure - linked Equation）奠定的。A. D. Gosman 等人先后在 1974 年、1982 年、1984 年开发了 RPM（Reciprocating Piston Motion）程序——用于计算内燃机缸内的工作过程、数学模型——用于描述直喷式柴油机缸内燃烧过程的化学反应、三维数值模拟计算程序——用于计算缸内完整的流动过程。1987 年，Gosman 和 Ahmed 共同开展了试验研究，以轴对称进气道 - 气门 - 缸内稳态流动为对象。1994 年，Bahram 等人开发了多维 CID 程序——用于模拟具有螺旋状燃烧室的内燃机各部分混合流动过程。

近年来，由于开展了大量有关于内燃机工作过程的研究，先后涌现了一批用于内燃机燃烧过程数值模拟的商用软件，包括英国 Adapco 公司的 STAR - CD 软件，奥地利 AVL 公司的 Fire 和 Boost 软件，英国 Ricardo 公司的 VECTIS 软件等，它们所提供的功能为内燃机的设计和研究工作创造了便利条件。本书应用 STAR - CD 软件作为缸内燃烧过程模拟研究的工具。

1.2.6 喷油嘴改进的国内外研究现状

长期以来，通过加大喷油压力和缩小喷嘴孔径来改善雾化和柴油机的燃烧和排放的方法得到了证实，并得到了广泛的应用。因此，研究人员采用高压共轨喷油系统获得较高的喷油压力，优化了燃烧系统，喷射压力可达 200 MPa。但是，在实际柴油机高压喷嘴内部存在着强烈的压力波动，随着喷油压力的增加，压力波动呈上升趋势，其最大的波动可以达到喷油压力的 10. 1%，因此，高压可以使柴油机产生密封问题、功耗增大和可靠性下降，而且空化泡能使燃油在工作过程中不稳定，这些都会影响柴油机的整体性能。因此，通过改善喷嘴的结构，在不需要太大喷油压力的情况下，可以改善雾化、燃烧和排放，成为国内外专家学者研究的重要内容。

喷嘴内部结构特征对其内部流动特性和喷雾特性有着重要的影响。它不仅影响喷雾质量，还影响着燃油喷射特性，尤其是喷孔头部结构的变化对喷雾特性的影响，而这些直接影响发动机的功率、经济性和排放性。因此，非常有必要研究喷嘴头部结构的变化对燃油喷雾特性的影响。

目前用于柴油机的喷嘴部件为长圆形孔，油束为实心柱体，喷雾锥角较小，喷雾贯穿距较长，中心处油滴更密集，在较远处形成喷雾。由于中心的油滴密集容易形成烟尘，使燃烧室的温度迅速上升，从而导致氮氧化物和 CO 等排放物增多。而且，贯穿距较长会使大部分燃油触壁并附着在壁面，由于燃烧室壁面温度较低，因此壁面的燃油会燃烧不完全，这会增加 HC 的排放。下面是一些研究人员在喷射孔的结构上进行了一定的优化，加强了内部湍流、射流的动能，以促进燃料雾化的实例。

史绍熙和都大光以椭圆孔为研究对象，结果表明：喷雾横截面为椭圆，椭圆的长轴和短轴和主体随着射流方向的变化而变化，可以有效提高气穴的增加分布，促进空气卷吸，喷雾形状如图 1.7 所示。燃烧试验表明，这种椭圆几何体能提高燃烧效率。

（a）　　　　（b）

图 1.7　椭圆喷雾形状

（a）短轴平面；（b）长轴平面

郝俊忠等人研究了不同喷嘴结构形状对内部油液流动状况的影响，利用 CFD（流体动力学）软件对四种变截面喷孔内三维流场进行了模拟仿真和分析。结果发现：轴截面呈倒锥、正锥、双曲线和椭圆的四种变截面喷孔中空穴和油液流动状态均发生很大变化，如图 1.8 所示。进而影响了喷孔出口处的质量流率和雾化效果，其中倒锥喷孔的雾化效果最好，正锥喷孔的雾化效果最差。

(a) (b) (c)

图 1.8 流场模型空穴云图

(a) 等径喷孔；(b) 双曲线喷孔；(c) 椭圆喷孔

冷先银等人提出了一种实现扇状喷雾的交叉喷孔喷油嘴结构，用以在相对较低的喷射压力条件下实现具有较高的雾化水平、较大喷雾体积和较短喷雾贯穿距的喷油器。交叉喷孔促进雾化的机理在于两个交叉的子喷孔使两股液相在交汇处聚合，液体发生挤压甚至撞击，从而将动能转化为喷孔内部的湍动能，这样一方面缩小了喷雾贯穿距，另一方面加大了喷雾锥角。与目前广泛采用的圆柱形喷孔相比，交叉喷孔可以获得更好的喷雾雾化质量，即使在低压喷射条件下也可以获得很大的喷雾体积。

董全等人以单孔和交叉喷孔为研究对象，试验研究了单孔和交叉喷孔的喷雾特性。试验结果表明，交叉喷孔喷出的喷雾雾束为扇状结构，此外，与单孔的喷雾锥角相比，交叉喷孔的正向和侧向喷雾锥角都比单孔的小。他们还采用数值模拟研究了单孔和交叉喷孔的内部流动特性。结果表明：单孔和交叉喷孔在喷孔内部流动特性上也存在非常明显的差异，交叉喷孔的结构保证了喷孔进出口两端没有明显的压力突变，在一定程度上抑制了空穴效应的产生。喷孔出口截面的径向速度分量的不同导致射流在离开喷嘴后产生较大的喷雾锥角，形成了扇状的喷雾雾束。

新型喷孔的研究已经取得了一定的成果，然而，对它的研究还有很大的空间，尤其在新型喷孔内部流动特性对其外部喷雾特性的影响方面。只有深入研究喷孔内部流动特性对雾化特性的影响，掌握喷孔射流的雾化机理，才能更好地指导我们去优化设计新型喷孔，从而进一步促进雾化来改善柴油机的燃烧与排放。

1.2.7 燃油喷雾的国内外研究现状

研究人员开始意识到燃料雾化不是由单一的机制引起的，而是由多种因素共同造成的。影响喷雾的主要因素有：喷嘴内部的流体动力学、液体喷射表面波和气体扰动波、喷嘴几何、液体本身特性、喷孔两端的压力差。这些因素相互影响，相互补充，最后决定雾化特性，其中表面波不稳定、气蚀和湍流扰动是高压燃油喷射雾化的三个主要原因。

国外大部分采用数值模拟和实验研究的方法，对柴油机燃油雾化过程进行了研究，通过实验数据验证了数值仿真模型，然后再利用这些模型对燃油雾化过程进行了广泛的研究。国外研究主要集中在燃油雾化过程中的内部空化流动特性及其影响因素、燃油雾化特性及影响因素、喷嘴内部的影响因素及其对燃油雾化过程的影响。

国外研究者们大多结合数值模拟和实验研究两种方法，研究了柴油机射流雾化过程。在实验数据的前提下，对数学模型进行修正，使模型的结果与实际结果更为吻合后，再利用修正后的模型对柴油机雾化过程进一步进行深入研究。目前，国外在这方面的研究主要体现在以下三个方面：喷孔内部流动特性、雾化特性、内部流动特性对雾化特性的影响。

F. Payri 等人分别设计易产生雾化的和抑制产生空化的两组喷孔，可视化实验研究了空化对柴油机喷孔内部流动和喷雾宏观特性的影响。他们利用制造喷孔的硅胶模具得到喷孔的完整内部几何来确定临界空化条件，这为进一步研究空化对喷雾特性的影响提供了可行性。实验研究表明：从两组不同喷孔的喷雾宏观特性的观测结果来看，空化的产生导致了喷雾锥角的增大；另一方面，从喷孔内部流动这方面看，当产生空化时，喷孔出口速度增大，这是因为喷孔出口处液相的横截面缩小导致喷孔速度的增大。

M. Blessing 和 Ganippa 等人也通过实验研究得到相同的结论。但 Ganippa 认为喷孔内部空化区域的产生之所以能够提高喷孔出口有效速度，是因为空化区域紧贴喷孔表面，降低了燃油与液体之间的摩擦，从而使质量流量加大。

Hyun Kyu Suh 等人采用不同长径比的喷孔深入研究了空化过程对喷雾特性的影响。他们采用流动可视化系统研究空化的产生，并采用粒子分析系统对索特尔直径和油滴平均速度等喷雾特征进行观察。实验结果表明：当长径比为 1.8 时，流量系数在 0.709 0 ~ 0.831 2 可以观察到空化现象；而当长径比为 2.7 时，流量系数在 0.579 3 ~ 0.770 5 可以观察到空化现象，如图 1.9 所示。同时，他们也观察到空化的产生增强了燃油的雾化，而长径比的增大降低了燃油的雾化能力，见图 1.9。

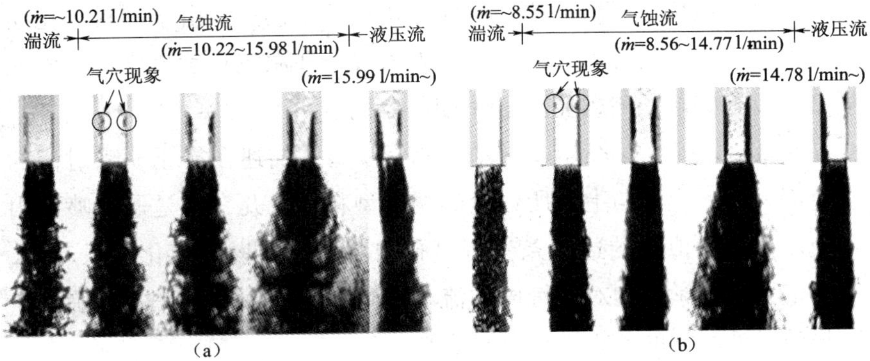

图 1.9 不同长径比的喷雾实验结果对比

(a) $L/D=1.8$；(b) $L/D=2.7$

J. M. Desantes 等人采用柴油机轴对称喷孔来深入研究喷孔内空化现象与近场喷雾特性的关系，并把研究分析的重点放在压力波动产生的空化气泡上，通过调整喷射压力或者燃烧室静压来实现压力波动。实验研究表明：喷雾锥角的增大和喷雾轮廓的不规律都与喷孔出口处的空化气泡的出现有关系，因此他们认为喷孔出口处的空化气泡的溃灭会在一定程度上减弱燃油雾化的强度。

国外许多实验证实了喷嘴内的空化效应在燃料雾化时产生的重要作用，当喷孔发生空穴效应时，会增大喷雾锥角和缩短喷雾贯穿距离。空化现象已成为一个连接内部流动和喷雾性能的关键因素。因此，这也充分说明了联合研究喷嘴内部流动过程和外部喷雾过程是非常必要的。

然而，这种共识往往只是基于宏观层面上的定性分析，目前的实验技术无法对高压燃油喷射条件内的喷嘴内流展开研究。由于两相流场的高湍流的复杂性、高压力梯度和细微的几何结构，实验研究喷嘴的空化效应具有挑战性，利用计算流体动力学数值模拟已成为研究喷嘴内部流动特性影响燃料雾化机理的有效手段。

Bianchi 等人根据出口处的湍流强度修正了燃油离开出口时的初始扰动和喷雾锥角，得出了湍流诱导雾化现象学模型。由于燃料雾化喷射计算长度尺度考虑了最不稳定的表面波长和湍流长度尺度，所以该模型可以很好地预测燃油雾化后的喷雾锥角。

Nishimura 和 Assanis 试图建立一个模型来描述在雾化喷嘴射流的全过程，但该模型与上面所讨论的两模型相差无几，都是通过喷孔内部流动模型模拟出的边界条件将喷孔内部流动与燃油雾化联系起来。事实上，现象学模型对喷管内的流动过程的模拟并不是非常准确，从而导致燃油喷雾的计算结果出现偏差。

Akira Sou 等人提出了一种结合大涡模拟模型（Large Eddy Simulation）、欧拉－拉格朗日气泡追踪模型（Eulerian－Lagrangian Bubble Tracking Method）的模型，并添加 Rayleigh－Plesset 方程来模拟初始空化效应，而且将该模型所得出的出口边界条件作为喷雾模拟计算的入口条件。

汲取了之前这些研究的经验后，本书尝试模拟更为准确的多维内部流动，建立耦合内部流动的喷雾雾化模型。

国内主要通过数值模拟研究高压燃油雾化过程，并进行实验验证，以确保数值模拟的可靠性。目前，学者们都认为喷嘴内部的空化效应和湍流波动影响喷嘴近场区域的喷雾宏观特性，但大多数不直接去评价喷嘴内部的流动与近场喷雾间的联系，而是评价喷嘴内部的空化和湍流对燃油射流雾化的影响，主要是通过间接手段进行研究。

张军等人以 SAC 型和 VCO 型两种常见的柴油机多孔喷嘴为研究对象，在基于欧拉多流体法的多相流模型的基础上添加空化模型，分析了喷射参数和喷孔几何结构等参数对喷孔内部空化流动及出口流量的影响。主要结论如下：当喷射压力越大，喷嘴内的湍流强度越大，当喷射压力较高时，SAC 型喷孔出口流量变化大于 VCO 型喷嘴；燃烧室压力的提高和入口处的过渡圆角半径能适当抑制空化的产生。

陈鑫凯通过编制接口程序联合模拟喷嘴内部流动和雾化、燃烧过程，并通过与实验结果对比，验证了模型的准确性。对比分析考虑初次破碎两种情况对柴油雾化特性的影响，研究表明：考虑初次破碎的喷雾结果更符合实际情况，对燃油的雾化特性的模拟更为有效。

汪翔在喷雾初始条件和一次雾化模型的基础上考虑空化气泡的影响，对喷孔内部流动中的压力波动和不稳定空化对柴油高压射流雾化的影响。结果表明，该模型的数值模拟结果与实验结果比较吻合，空化效应对喷孔近场的雾化过程起促进作用。另外，考虑喷孔内部流动产生的压力波和空化效应，对仿真雾化结果有很大影响。此外，实验也表明喷孔出流的不稳定性能够提高喷孔近场的雾化质量。

章翔和安士杰分别建立有气穴和无气穴两种柴油机喷嘴内部流动模型，并将喷孔内部流动的计算结果作为喷雾模拟计算的边界条件，对雾化过程进行模拟，结果表明：考虑气穴模型的喷雾模拟得出的图像与实验图像基本一致，更为接近真实流动情况。

何志霞等人也认为喷嘴内部空穴现象和湍流对喷雾雾化有重要的影响。同时也提出传统的模拟方法准确性不高并且无法考虑喷嘴内部流动对喷雾雾化的影响。他们在传统方法的基础上提出了耦合喷嘴内空穴流动的喷雾计算模型，用以分析喷嘴内空穴流动对燃油喷射雾化的影响。以不同几何结构的喷嘴为对象，利用该模型研究几何结构参数对喷雾特性的影响，并开展相关可视化实验对模型进行验证。结果表明：该模型比起传统方法较为准确可靠；并数值分析了不同喷嘴参数对喷嘴内特性流和外部燃油雾化特性的影响，为优化喷嘴结构提供一定的参考依据。

王少林等人利用高速摄像机实验研究了喷嘴内的空化以及喷口外的雾化过程，结果表明：对于两种不同通道收缩类型的喷嘴，急收型相比渐收型更易形成空化，增强雾化的能力更为明显；喷嘴的长径比相同时，直径越大，达到超空化所需要的喷射压力越大，雾化锥角也就越大；喷嘴的直径相同时，长径比越大，达到超空化的空化数逐渐减小，但射流的喷雾锥角却没有发生明显的变化，在 10° ~ 20° 波动。

总的来说，不管数值模拟还是实验观测，对柴油机工作过程中喷射系统带来的压力波动、空化效应和湍流扰动对燃油喷雾特性的影响的研究是目前柴油机喷油嘴开发设计不可回避的问题。目前在这方面已经取得了一定的成果，但因为当前的实验手段并不能有效地观测喷射过程中同比例喷嘴内部的不稳定、空化效应和湍流流场，更没有办法去全面了解这些因素的相互作用，所以关于这个问题的解释有所缺失，亟待解决。

由于高速射流工况下使用的喷嘴的内部流动情况无法直接观测，数值模拟是目前获取喷嘴内部流动特性的重要手段。结合喷孔喷雾的数值模拟结果，分析复杂喷嘴的内部流动对于其喷雾特性形成的影响规律，有利于指导和优化柴油机喷孔的结构设计，进一步为设计适合更多燃烧喷射系统的喷孔结构提供一定的理论基础。

1.3 主要研究内容

本书以某船用低速二冲程柴油机为研究对象，应用 CFD 软件 STAR－CD 对其缸内流动、燃烧过程进行了分析，并用试验数据进行验证。在模型标定准确的基础上对影响柴油机性能的三个参数：米勒循环的强度、喷油正时、喷油方向进行仿真分析，获得了这些参数对柴油机性能的影响规律。本书的主要研究内容如下：

（1）建立船用低速二冲程柴油机扫气分析的几何模型，对其进行流动分析，将仿真结果与实验结果进行对比，修正仿真模型的参数。进而获取排气阀的扫气模型、流量系数以及柴油机缸内流动分析的扫气效率等参数，为船用发动机一维分析提供必要数据，也为三维燃烧计算奠定了基础。

（2）对柴油机缸内燃烧进行三维分析，利用试验数据标定燃烧模型，获取缸内燃烧的各场变量数值及其分布，并评判燃烧质量，为分析燃烧过程、优化结构、改善性能提供必要的基础数据。

（3）在柴油机缸内三维燃烧分析的基础上对影响柴油机性能的相关参数进行研究，获取了米勒循环强弱、喷油正时、喷射方向对柴油机性能的影响规律，为柴油机性能的整体调控提供一定的参考。

（4）利用喷油系统仿真软件 AMESim，通过计算得到了三种不同的喷油规律，即矩形、靴型和带有预喷射的多次喷射，利用试验数据与仿真结果对燃烧模型进行标定，对本仿真机型的缸内燃烧进行三维模拟计算，分析了决定燃烧、排放特性的多项宏观影响因素，以及微观流场的分布状况，基于柴油机综合性能的考虑，得到了最优的喷油规律。

（5）针对多次喷射的重要参数预喷率和预/主喷间隔角依次进行分析研究，得到了其对于柴油机性能的影响规律；同时，将不同预喷量率与预/主喷间隔角进行正交因素的影响分析，在9种不同工况下的多次喷射中，得到较为理想的一种组合，为多次喷射在船用低速机的研究方面提供一定的参考。

（6）在循环喷油量一定且流通面积基本相等的情况下，研究喷孔夹角、喷油器方向和双层喷油器对喷雾和燃烧过程的影响，并分析其对燃烧和排放性能的影响规律。

第 2 章　船用低速柴油机数学模型的建立

船用低速二冲程柴油机的进排气过程不同于一般的四冲程柴油机，四冲程柴油机有专门的换气过程，而船用低速二冲程柴油机没有专门设置的换气过程，气流经扫气箱、扫气道到达缸内，在新鲜气流充填缸内的过程中，废气通过置于气缸盖的排气阀排入排气道，实现新鲜充量与废气的更换。对这一过程进行详细的描述是相当困难的，加上活塞压缩至上止点附近时燃烧模型的加入，详细描述更是难上加难。因此，当前学术界对换气及燃烧过程的描述，基本都是在一定的假设基础上进行的。

数学领域的发展推陈出新，计算机技术日新月异，关于柴油机进排气及燃烧过程理论研究、实验研究、仿真研究的不断深入，计算流体力学仿真软件的升级完善，使二冲程柴油机的研究更加接近实际、更加准确。流体力学、计算流体力学、工程热力学、燃烧学、排放学、计算机科学等学科的交叉发展，推进了二冲程柴油机换气、燃烧过程数学模型建立的准确程度，使仿真结果更加接近实际的换气、燃烧过程；相应算法研究的飞跃式发展也使仿真结果与试验数值的吻合程度日臻合理。各学科知识的更新换代为船用柴油机的开发提供了强大的理论基础保障。

柴油机换气过程的数学模型主要是以流体动力学的可压缩黏性流体的 Navier - Stokes（N - S）方程为基础的，用一组控制柴油机缸内过程变化的质量、动量、能量、组分守恒方程及理想气体状态方程等偏微分方程来描述缸内气体的流动过程。喷雾、燃烧及排放等过程则需要相应的其他数学模型来描述。本章主要对书中所用的各种控制方程进行介绍。

2.1 基本控制方程

内燃机缸内燃烧是包含喷油、雾化和化学反应的两相燃烧反应过程，需要分别求解气液两相的控制方程。一般通过欧拉坐标系中 N－S 方程来表示气相控制方程，而液相方程则在拉格朗日坐标系中对单一液滴的运动进行表达，通过气相和液相之间的相互作用的源项来描述两相耦合作用。

本书在设计多维空间变量的数学表达时，主张采用张量表示法：用下标 i、j、k 等表示坐标方向，如未加特别说明，则凡有一个下标的量为矢量，如速度$\boldsymbol{u}_i$；有两个下标的量为二阶张量，如黏性应力$\boldsymbol{\tau}_{ij}$；同一项中如有同一下标出现两次，即表示对该指标从 1～3 求和（爱因斯坦求和法则）。

1. 连续性方程

$$\frac{\partial \rho}{\partial t}+\frac{\partial}{\partial \boldsymbol{x}_j}(\rho \boldsymbol{u}_{\mathrm{j}})=0 \tag{2.1}$$

式中，ρ 为流体混合物密度（kg/m^3）；$\boldsymbol{u}_j$ 为流体速度（m/s）。

2. 动量方程

以 i 方向为例：

$$\frac{\partial(\rho \boldsymbol{u}_i)}{\partial t}+\frac{\partial}{\partial \boldsymbol{x}_j}(\rho \boldsymbol{u}_i \boldsymbol{u}_j)=-\frac{\partial \boldsymbol{p}}{\partial \boldsymbol{x}_{\mathrm{i}}}+\frac{\partial \boldsymbol{\tau}_{ij}}{\partial \boldsymbol{x}_j}+\boldsymbol{g}_i-\boldsymbol{f}_i \tag{2.2}$$

式中，$\boldsymbol{p}$ 为压力（Pa）；$\boldsymbol{u}_i$ 为 i 方向的速度（m/s）；$\boldsymbol{g}_i$ 为重力在 i 方向的分量（$\mathrm{kg \cdot m/s^2}$）；$\boldsymbol{f}_i$ 为其他阻力在 i 方向的分量（$\mathrm{kg \cdot m/s^2}$）；$\boldsymbol{\tau}_{ij}$ 为黏性应力张量，经广义牛顿定律与流体的应变率张量$\boldsymbol{S}_{ij}$相联系：

$$\tau_{ij}=2\mu S_{ij}-\frac{2}{3}\mu S_{kk}\delta_{ij} \tag{2.3}$$

$$\boldsymbol{S}_{ij}=\frac{1}{2}\left(\frac{\partial \boldsymbol{u}_i}{\partial \boldsymbol{x}_j}+\frac{\partial \boldsymbol{u}_j}{\partial \boldsymbol{x}_i}\right) \tag{2.4}$$

式中，$\boldsymbol{S}_{kk}$为流体散度 div$u$，它表征流体的体积膨胀和压缩性；μ 为流体的动力黏性系数；$\boldsymbol{\delta}_{ij}$为二阶张量。（当 $i=j$ 时，$\boldsymbol{\delta}_{ij}=1$；当 $i\neq j$ 时，$\boldsymbol{\delta}_{ij}=0$）。

将式（2.3）、式（2.4）代入式（2.2），可得动量方程的另一种形式：

$$\frac{\partial \rho \boldsymbol{u}_i}{\partial t}+\frac{\partial}{\partial \boldsymbol{x}_j}(\rho \boldsymbol{u}_i \boldsymbol{u}_j)=\frac{\partial}{\partial \boldsymbol{x}_j}\left(\mu \frac{\partial \boldsymbol{u}_i}{\partial \boldsymbol{x}_j}\right)+\frac{\partial \boldsymbol{p}}{\partial \boldsymbol{x}_i}+\frac{\partial}{\partial \boldsymbol{x}_j}\left(\mu \frac{\partial \boldsymbol{u}_j}{\partial \boldsymbol{x}_i}\right)-\frac{2}{3}\frac{\partial}{\partial \boldsymbol{x}_i}\left(\mu \frac{\partial \boldsymbol{u}_k}{\partial \boldsymbol{x}_k}\right)+\boldsymbol{g}_i-\boldsymbol{f}_i \tag{2.5}$$

3. 能量方程

$$\frac{\partial \rho h_0}{\partial t}+\frac{\partial}{\partial \boldsymbol{x}_j}(\rho \boldsymbol{u}_j h_0)=\frac{\partial}{\partial \boldsymbol{x}_j}(\boldsymbol{u}_{ij}\boldsymbol{\tau}_{ij})+\frac{\partial}{\partial \boldsymbol{x}_j}\left(\lambda \frac{\partial T}{\partial \boldsymbol{x}_j}\right)+\rho q_{\mathrm{R}}+\frac{\partial}{\partial \boldsymbol{x}_j}\left[\sum\nolimits_1 (\Gamma_1-\Gamma_{\mathrm{h}})\frac{\partial m_1}{\partial \boldsymbol{x}_j}\right] \tag{2.6}$$

式中，h_0 为总焓（J/kg）；$h_0=h+\boldsymbol{u}_i\boldsymbol{u}_j/2$，$h=\sum_1 m_1 h_1$，$m_1$ 和 h_1 分别是组分 1 在混合物中的质量分数和比焓；λ 为导热系数；Γ_1 和 Γ_{h} 分别是组分 1 和焓的输运系数或交换系数；q_{R} 是辐射热（J）；如果把式（2.6）右端扩散项中的 T 换为h_0，用总焓来定义能量方程，则可得另一种表示能量方程的形式：

$$\frac{\partial \rho h_0}{\partial t}+\frac{\partial}{\partial \boldsymbol{x}_j}(\rho \boldsymbol{u}_j h_0)=\frac{\partial}{\partial \boldsymbol{x}_j}\left(\Gamma_{\mathrm{h}}\frac{\partial h_0}{\partial \boldsymbol{x}_j}\right)+\boldsymbol{S}_k \tag{2.7}$$

其中，源项为

$$S_k=\frac{\partial \boldsymbol{p}}{\partial t}+\frac{\partial}{\partial \boldsymbol{x}_j}(\boldsymbol{u}_i\boldsymbol{\tau}_{ij})+\rho q_{\mathrm{R}}+\frac{\partial}{\partial \boldsymbol{x}_j}\left[(\lambda-\sum\nolimits_1 m_1 c_{p1}\Gamma_{\mathrm{h}})\frac{\partial T}{\partial \boldsymbol{x}_j}+\sum\nolimits_1(\Gamma_1-\Gamma_{\mathrm{h}})h_1\frac{\partial m_1}{\partial \boldsymbol{x}_j}-\Gamma_{\mathrm{h}}\frac{\partial}{\partial \boldsymbol{x}_j}\left(\frac{\boldsymbol{u}_i\boldsymbol{u}_j}{2}\right)\right] \tag{2.8}$$

式中，c_{p1}为组分 1 的比定压热容［J/（kg·℃）］。

4. 组分方程

$$\frac{\partial}{\partial t}(\rho m_1)+\frac{\partial}{\partial \boldsymbol{x}_j}(\rho \boldsymbol{u}_j m_1)=\frac{\partial}{\partial \boldsymbol{x}_j}\left(\Gamma_1 \frac{\partial m_1}{\partial \boldsymbol{x}_j}\right)+R_1 \tag{2.9}$$

式中，R_1 是由于化学反应引起的组分 l 的产生率。

5. 状态方程

假设流体混合物为理想混合气体，其比内能、比热容仅与气体温度、气体成分有关，则状态关系方程（States Equations）为：

$$p=R_0 T \Sigma_1 \frac{\rho_1}{M_1} \tag{2.10}$$

比内能关系：

$$I(T)=\Sigma_1 \frac{\rho_1}{\rho} I_1(T) \tag{2.11}$$

比热容关系：

$$c_p(T)=\Sigma_1 \frac{\rho_1}{\rho} c_{p1}(T) \tag{2.12}$$

比焓的关系：

$$h_1(T)=I_1(T)+R_0 T / M_1 \tag{2.13}$$

式中，R_0 为通用气体常数 [J/（mol · K）]；M_1 为组分 l 的相对分子质量；I_1（T）为组分 l 的比内能（J/kg）。

式（2.10）~式（2.13）构成化学流体力学的基本控制方程组。从上述方程组可以看出，它们在形式上完全相同，全都包含 4 种基本类型的项，这四项分别为表示时间变化率的非定常项；表示流体宏观运动所引起的对流项；表示流体分子运动所引起的扩散项以及不属于以上 3 项的其他源项。如果用 φ 代表通用的因变量（u_i，h_0，m_l），则基本方程可用统一的形式表示为：

$$\frac{\partial}{\partial t}(\rho \varphi)+\frac{\partial}{\partial \boldsymbol{x}_j}(\rho \boldsymbol{u}_j \varphi)=\frac{\partial}{\partial \boldsymbol{x}_j}\left(\Gamma_{\varphi} \frac{\partial \varphi}{\partial \boldsymbol{x}_j}\right)+S_{\varphi} \tag{2.14}$$

式中，Γ_{φ} 表示与因变量 φ 相关的热交换系数；S_{φ} 表示与因变量 φ 相关的源项。

式（2.14）描述的是各种物理量在流体中的输运过程（对流与扩散过程），因此也把式（2.14）称为输运方程，将能用输运方程描述的量叫作可输运量。输运方程可表示为统一形式的事实，不仅反映了各种物理量的输运过程都具有相同的物理和数学特征，而且为数值计算提供了极大的方便。

化学流体基本控制方程组再加上气体混合物的状态方程构成了一个封闭的方程组。从理论上说，只要根据有关学科领域的知识将其中的源项计算出来，再加上合适的定解条件，就能得到描述发动机及其他系统燃烧过程的数值解。但是事实上并不是这样简单，这是由于自然界和工程实际中的流动和燃烧过程几乎都处于湍流状态，而上述基本方程组则是在层流状态推导出来的，因此需要进行修正。

6. 化学成分守恒方程

化学成分守恒方程（Chemical Components Equation）如下：

$$\frac{\partial(\rho Y_m)}{\partial t}+\nabla\cdot[\rho Y_m(\vec{u}+u\vec{i})]=\boldsymbol{\omega}_i \tag{2.15}$$

式中，Y_m 为第 m 种成分的质量；$\boldsymbol{\omega}_i$ 为第 m 种成分源项；$\boldsymbol{u}\vec{i}$ 为扩散速度矢量；∇为向量算子（Vector Operator），$\nabla=\vec{\boldsymbol{i}}\frac{\partial}{\partial x}+\vec{\boldsymbol{j}}\frac{\partial}{\partial y}+\vec{\boldsymbol{k}}\frac{\partial}{\partial z}$。

2.2 湍流模型

在内燃机工作进程中，缸内工质周而复始地发生着繁复且剧烈的湍流活动，它是燃烧、工作过程中发生多种复杂物理变化、化学反应的基础，决定了各种物质的量传运和分布，同时对混合气的形成、浓度、燃烧质量、缸壁传热、反应生成物等起到关键且重要的作用。因此，要正确全面地模拟、分析内燃机的燃烧过程，首先必须正确、准确地描述缸内的湍流运动。

2.2.1 湍流概述

湍流是一种瞬息万变、极为复杂的完全无规则的流体运动，湍流流体的各种物理特征，如温度、速度、压强等都随时间、空间的变化而不断变化。从物理结构来看，湍流是由不同尺度涡叠加所成的运动，涡流的大小、方向是随机分布的。大规模的涡流主要由流体运动所处的边界条件而决定，能够引起低频脉冲，大小与流场强弱相关；小的涡流主要是由黏性力作用引起的，其大小仅达到流场强度的1/1 000，可以引起高频脉动。大尺度的涡破裂，形成小涡流，小涡流继续破裂，更小尺寸的涡流就形成了；同时在破裂的过程中，涡流间相互作用，大涡流逐渐地将能量输运给小的涡流，由于流体黏性的影响，小的涡流最终慢慢地消逝，完成了机械能向流体热能的转化过程。而新的涡流由于受到边界影响、速度的渐变及各种扰动的影响，源源不断地产生，形成了湍流运动。

对于活塞式发动机而言，因其结构与热力过程的特殊性，缸内的湍流流动具有可压性强、瞬变性高且复杂等特征。总体分析后知：发动机缸内的流体运动有一套及其复杂的体系，涵盖了湍流削切、边界作用以及回流影响等，具有较高的不稳定性与随机性。湍流运动的规模、程度无论大小都对整个缸内过程产生重要的作用与影响。

2.2.2 湍流的数值模拟方法

目前已经能够采用数值模拟方法对湍流换热过程进行计算，包括以下三种方式：

1. DNS（直接模拟）

利用多维非稳态 N－S 方程描述湍流运动，以进行计算。由于湍流运动的极其复杂性，若要对其完成直接模拟，必须选用极小的时空步长进行计算，才有可能详细描述出湍流的空间复杂性及剧变性，所以，这种方法对于计算机的内存、计算速度有着非常高的要求。

2. LES（大涡模拟）

湍流的波动与混合，主要是由大涡流作用主导形成的。此方法是对大涡进行直接模拟，对小涡采用间接计算的方式，通过近似的亚格子雷诺应力模型来描述小涡对于大涡的影响。大涡模拟的方法对计算机内存、计算速度的要求依旧很高，但远低于直接模拟方法对计算机的要求，现代都可在工作站，甚至PC上完成计算，使得此方法的应用与研究日渐广泛、成熟。

3. RANS（雷诺平均法）

采用雷诺平均的概念，针对非稳态控制方程中的时间作平均计算，把湍流的多种瞬时变量以时均值和脉动值相加表示；为了让方程组封闭，就须对雷诺应力做一定的假设，也就是建立完整的湍流模型，或可以将新的湍流模型方程引入，将湍流的时间平均数与波动值联系在一起。此方法建立的模型，可以用较简单低阶计算确定所研究的量的函数，表达复杂高阶未知的时间平均量，也是现阶段湍流计算在研究领域中普遍应用的基础方法。

内燃机中目前应用较多的湍流模型为：亚网格尺度模型（SGS模型）、雷诺应力模型（RSM模型）和$k-\varepsilon$双方程模型。在STAR-CD中使用的湍流模型主要是以$k-\varepsilon$模型进行多种变形，涵括了关于湍动能、湍能耗散率的描述性方程，主要有低雷诺数$k-\varepsilon$方程、标准$k-\varepsilon$模型、RNG $k-\varepsilon$模型、Chen氏$k-\varepsilon$模型等。用于本书计算中的是标准$k-\varepsilon$湍流模型，因其适用于可压缩和不可压缩的高雷诺数完全湍流，也是现代研究领域应用最广、成熟性最好的模型。需要明确的是，由于$k-\varepsilon$模型建立的基础与原理的特殊性，它的应用范围需满足一些基本的前提条件，若要应用于缸内湍流模拟，对模型要进行必要的修改。

湍能方程：

$$\frac{1}{\sqrt{g}}\frac{\partial}{\partial t}\left(\sqrt{g}\rho k\right)+\frac{\partial}{\partial x_j}\left[\rho\tilde{u}_j k-\left(\mu+\frac{\mu_i}{\sigma_k}\right)\frac{\partial k}{\partial x_j}\right]=$$

$$\mu_t(P+P_B)-\rho\varepsilon-\frac{2}{3}\left(\mu_t\frac{\partial \boldsymbol{u}_i}{\partial \boldsymbol{x}_i}+\rho k\right)\frac{\partial \boldsymbol{u}_i}{\partial \boldsymbol{x}_i}+\boldsymbol{\mu}_i P_{\mathrm{NL}} \tag{2.16}$$

式中，g 为张量因子；k 为湍流脉动动能；$\tilde{u}_j$为相对于坐标系 Y 方向的相对速度，$\tilde{u}_j=\boldsymbol{u}_j-\boldsymbol{u}_{cj}$；$\boldsymbol{u}_i$ 为扩散速度；σ_k 为湍流普朗特数；μ_t 为湍流黏度；ε 为湍流 k 的耗散率。其中

$$P\equiv 2\boldsymbol{S}_{ij}\frac{\partial \boldsymbol{u}_i}{\partial \boldsymbol{x}_j} \tag{2.17}$$

$$P_B\equiv -\frac{\boldsymbol{g}_i}{\sigma_{h,t}}\frac{1}{\rho}\frac{\partial \rho}{\partial \boldsymbol{x}_i} \tag{2.18}$$

$$P_{\mathrm{NL}}=-\frac{\rho}{\mu_t}\overline{\boldsymbol{u}_i'\boldsymbol{u}_j'}\frac{\partial \boldsymbol{u}_i}{\partial \boldsymbol{x}_j}-\left[P-\frac{2}{3}\left(\frac{\partial \boldsymbol{u}_i}{\partial \boldsymbol{x}_i}+\frac{\rho k}{\mu_t}\right)\frac{\partial \boldsymbol{u}_i}{\partial \boldsymbol{x}_i}\right] \tag{2.19}$$

线性模型中$P_{\mathrm{NL}}=0$，$\boldsymbol{S}_{ij}$为流体动量源项分量。方程（2.19）右边第一项表示的是由于各种作用力（浮力、切应力、法向应力）产生的湍动能，第二项为黏性损耗，第三项为压缩性扩展、衰减。最后一项考虑了非线性的影响。

湍流耗散率：

$$\frac{1}{\sqrt{g}}\frac{\partial}{\partial t}(\sqrt{g}\rho\varepsilon)+\frac{\partial}{\partial \boldsymbol{x}_j}\left[\rho\tilde{\boldsymbol{u}}_j\varepsilon-\left(\mu+\frac{\mu_i}{\sigma_\varepsilon}\right)\frac{\partial \varepsilon}{\partial \boldsymbol{x}_j}\right]=$$

$$C_{\varepsilon 1}\frac{\varepsilon}{k}\left[\mu_t P-\frac{2}{3}\left(\mu_t\frac{\partial \boldsymbol{u}_i}{\partial \boldsymbol{x}_i}+\rho k\right)\frac{\partial \boldsymbol{u}_i}{\partial \boldsymbol{x}_i}\right]+C_{\varepsilon 3}\frac{\varepsilon}{k}\mu_t P_B-$$

$$C_{\varepsilon 2}\rho\frac{\varepsilon^2}{k}+C_{\varepsilon 4}\rho\varepsilon\frac{\partial \boldsymbol{u}_i}{\partial \boldsymbol{x}_i}+C_{\varepsilon 1}\frac{\varepsilon}{k}\boldsymbol{\mu}_t P_{\mathrm{NL}} \tag{2.20}$$

式中，σ_k 为湍流普朗特数；$C_{\varepsilon 1}$，$C_{\varepsilon 2}$，$C_{\varepsilon 3}$，$C_{\varepsilon 4}$ 为相应的系数，其值由表 2.1 给出。方程右边第一项代表由于线性应力及热胀冷缩引起的湍流耗散，第二项是因浮力引起的湍流耗散，第三项考虑到了耗散的消灭，第四项为瞬时平均密度变化（在燃烧模型中尤为重要）引起的湍流耗散，第五项是因非线性应力引起的湍流耗散。

湍流黏度μ_t，通过下式可得：

$$\mu_t = f_\mu \frac{C_\mu \rho k^2}{\varepsilon} \tag{2.21}$$

式中，C_μ 为经验系数，通常取为常数；f_μ 为衰减函数，当有独立模型变量存在时需要它来定义。

表 2.1　标准 $k-\varepsilon$ 湍流模型系数表

C_μ	σ_k	σ_ε	σ_h	σ_m	$C_{\varepsilon1}$	$C_{\varepsilon2}$	$C_{\varepsilon3}$	$C_{\varepsilon4}$	k	ε
0.09	1.0	1.22	0.9	0.9	1.44	1.92	0.0 或 1.44 *	-0.33	0.42	9.0

注：* 当$P_B>0$时，$C_{\varepsilon3}=1.44$；否则 $C_{\varepsilon3}=0$。

标准 $k-\varepsilon$ 模型一般应用于离壁面有一定距离的湍流区域。黏性支撑层和壁面相邻连接，前者的湍流雷诺数值非常低，所以还应把分子黏性的影响也考虑进来，然后对 $k-\varepsilon$ 模型做一些修改。

2.3　两相流模型

液态燃油喷入气缸，在高温高压下与缸内气体进行混合，伴随着复杂的物理化学过程，如油气蒸发、燃油燃烧等。在流体仿真中，液态燃油在缸内的流动一般用气液两相流加以解决。

多相流是流体力学的一个分支，是在 20 世纪 60 年代后迅速发展起来的，归属于近代流体力学的范畴，它主要研究的内容是不同相间的相互作用及其宏观运动规律。关于两相流的研究方法主要是欧拉－拉氏法和欧拉－欧拉法。欧拉－拉氏法仅把流体当作连续性介质，把颗粒（液滴）相作为离散体系，以欧拉方式研究流体的流场，以拉格朗日运动坐标系研究颗粒或颗粒群在流场中的物理特性；欧拉－欧拉法是将流体相作为连续介质，将颗粒相视为流体或拟连续介质，认为颗粒相在空间中有连续的速度、温度等参数分布及等价的输运性质。

基于上述两种观点，两相流在内燃机领域的研究中发展出了连续液滴模型（CDM）和离散液滴模型（DDM）。

1. 连续液滴模型

喷雾方程：

$$\frac{\partial f}{\partial t}+\frac{\partial}{\partial x_i}(fu_i)+\frac{\partial}{\partial u_{\mathrm{d}i}}(f\dot{u}_{\mathrm{d}i})+\frac{\partial}{\partial r}(f\dot{r})+\frac{\partial}{\partial T_{\mathrm{d}}}(f\dot{T}_{\mathrm{d}})=f_{\mathrm{s}} \tag{2.22}$$

式中，d 表示液滴；r 为液滴半径；$\dot{u}_{\mathrm{d}i}$，$\dot{r}$ 和 $\dot{T}_{\mathrm{d}}$ 分别为 $u_{\mathrm{d}i}$，r 和 T_{d} 的时间变化率；f_{s} 为考虑到油滴间相互作用 f 引起的源项。

Bracco 等建立柴油机燃烧的二维模型，在建模过程中求解了喷雾方程，忽略源项 f_{s} 的影响，也就是说，没有考虑液滴之间的相互作用，而且忽略了油滴温度 T_{d} 的影响，认为空间是二维对称的。Bracco 等证明，如果满足下列条件：

$$\begin{cases} r=r_{\max}, & f=0 \\ u=u_{\mathrm{dmin}}, & f=0 \\ u=u_{\mathrm{dmax}}, & f=0 \end{cases} \tag{2.23}$$

则喷雾方程为双曲型且有唯一解，同时取初始条件 $f|_{(t=0)}=0$ 喷雾边界条件：

$$f(t,r,x_{i,\mathrm{inj}},u_{\mathrm{d}i})=Br^2\exp(-Cr)\exp\left(\frac{u_1-u_{10}}{d_1}\right)^2\exp\left(\frac{u_2-u_{20}}{d_2}\right)^2\exp\left(\frac{u_3-u_{30}}{d_3}\right)^2 \tag{2.24}$$

式（2.24）表示了在喷口处的油滴半径和速度分布。从理论上来说，CDM 方法可以详尽地描述喷雾场，是其他方法望尘莫及的；这是因为其喷雾方程的求解采用一阶精度的隐式迎风差分法，在获取缸内燃油浓度场的时空变化特性外，还可以帮助我们了解油滴直径、速度等参数的分布情况。但是由于这个方法的计算量巨大，在现阶段应用于工程实际尚存在差距，因此目前研究和应用的重点多集中在 DDM 方法上。

2. 离散液滴模型

DDM是基于蒙特卡洛方法的一种统计描述，它将连续的液滴群分为有限的尺寸组，只处理不同尺寸组具有代表性的统计样本。以拉格朗日方式追踪这些油滴样本的行为，也就是求解描述油滴样本运动轨迹和传热传质过程的一组常微分方程。在偏微分方程中用附加源项的形式来描述液相对气相的干扰。经交替求解气液两相方程，即能得出各曲轴转角缸内各组分的浓度分布和其他参数。离散液滴模型（DDM）作为一统计描述液滴行为的模型，也引入了一些假设。例如：它没有考虑液态燃油射流的分裂和雾化过程，将离开喷嘴的燃油离散为微小液滴；它以有限个名义滴径表征连续的油滴直径；它将油滴与气体的相互作用（动能、能量和质量交换）等价地分布在相关的流体网格中；它将一般喷雾做稀薄喷雾处理，忽略了油滴间的相互作用。

对于离开喷口的油滴，以拉格朗日方式追踪油滴的行为，需要求解以下常微分方程组：

油滴轨迹方法：

$$\frac{\mathrm{d}\boldsymbol{x}_i}{\mathrm{d}t}=u_{\mathrm{d}i} \tag{2.25}$$

运动方程：

$$\frac{\mathrm{d}\boldsymbol{u}_{\mathrm{d}i}}{\mathrm{d}t}=\frac{3}{4}C_D\frac{\rho_{\mathrm{g}}}{\rho_{\mathrm{l}}}\frac{1}{d}\left|\boldsymbol{U}_i-\boldsymbol{u}_{\mathrm{d}i}\right|\left(\boldsymbol{U}_i-\boldsymbol{u}_{\mathrm{d}i}\right) \tag{2.26}$$

质量方程（蒸发）：

$$\frac{\mathrm{d}M}{\mathrm{d}t}=-2\pi D\frac{pt}{RT}\ln\left(\frac{p_{\mathrm{f}}-p_{v,\infty}}{p_{\mathrm{f}}-p_{v,\mathrm{s}}}\right)Sh \tag{2.27}$$

能量方程（传热）：

$$MC_D\frac{\mathrm{d}T_{\mathrm{d}}}{\mathrm{d}t}=\pi\mathrm{d}K\left(T_{\mathrm{g}}-T_{\mathrm{d}}\right)\frac{z}{\mathrm{e}^z-1}Nu+L\frac{\mathrm{d}M}{\mathrm{d}t} \tag{2.28}$$

式中，x 为液滴的坐标矢径；$\boldsymbol{u}_{\mathrm{d}i}$ 为液滴的速度；$\boldsymbol{U}_i$ 为油滴所在的气流

速度；T_g 是液滴所在气流处的温度；C_D 为油滴在气体中运动的阻力系数；D 为燃油蒸气扩散系数；L 为燃油蒸发潜热；$p_{v,\infty}$ 为油滴周围环境中蒸气的分压力；$p_{v,s}$为油滴表面饱和蒸气压；$\overline{RT}$表示该项取为油滴表面和环境的平均值；$z/(e^z-1)$ 为对未考虑传质的导热率的修正因子。

常微分方程式（2.25）~式（2.28）可以用龙格－库塔等算法方便地求解。油滴在气流中的穿行过程中不断地与流场气体进行质量、动量和能量交换。对于每一网格单元中的气体而言，可用气相控制方程中的一个附加源项表示油滴的这种耦合作用：

$$S_{p\varphi}=\frac{1}{\delta t_i}\sum_p[(m\varphi)^0-(m\varphi)^n] \tag{2.29}$$

式中，δt_i 表示的是时间步；$\sum_p$ 表示对δt_i 内位于该网格单元中的全部液滴求和；m 为油滴质量；0 和 n 分别表示时间步δt_i 开始和结束的时刻。通过在时间坐标上交替求解气液两相的控制方程来完成气液两相在整个喷射过程中的耦合作用。一个时间步内的计算是按一定的顺序来完成的，即：第一步，若本时刻恰好处在喷油周期内，则按照初始边界条件喷入一组新油滴，否则直接转入下一步；第二步，用上一时刻的流场数据为基础计算本时间步新喷入油滴的运动过程以及其对气相流场的耦合源项；第三步，考虑本时刻新喷入及之前累计喷入的全部油滴的耦合作用，求解气相控制方程，得到相应的流场参数值；第四步，应用新的流场数据计算所有油滴的新位置及相关参数，且计算它们对流场的耦合源项。

本书采用 DDM 方法对船用低速二冲程压燃式柴油机缸内混合气的形成过程进行仿真分析。

2.4 燃油喷雾模型

用于内燃机燃油喷雾的三维数值模拟模型，基于离散型液滴模型，加入油滴的相互碰撞、聚结、振动、变形和分裂等子模型，以对燃油的喷雾过程进行完整的描述。燃油的喷射、雾化和蒸发以及混合气的形成对发动机的燃烧、排放具有关键性作用。然而，对于喷雾的数值模拟是一个非常困难的问题，主要是由于缸内气体流动和湍流脉动的双重影响较大；而喷雾本身又是由大量细微油滴、燃油蒸气与介质空气混合而成的。在实际工程应用中，采用不同精度与复杂程度的喷雾模型，共同对燃油的喷射以及油气混合过程进行模拟研究。

2.4.1　射流雾化模型

本书计算采用具有代表性的 Huh 雾化模型。Huh 雾化模型的核心是认为在喷雾雾化过程中，气体的惯性和作用于喷油嘴内部的湍流压力是影响雾化特性的两个重要因素。从概念上可以分成如下两个阶段来描述：

（1）当射流处于喷孔内部时，射流表面发生的初始扰动是由作用于喷嘴内部的紊乱所产生的。

（2）当初始扰动达到某一特定值时，它们将呈指数增长，直到这些扰动形成了液滴，就从射流表面分离开来。

这个模型是通过对流经喷嘴的射流流动进行分析的，估计初始紊乱所引起的扰动，然后使用确定的波动增长理论，再联系其他的一些假设，共同完成对雾化过程的描述。

1．喷嘴处的紊乱和衰减

喷嘴出口处的平均湍动能 k_a 和平均湍能耗散 ε_a 可以由以下关系式得到，它们源自动量和能量守恒。

平均湍动能：

$$k_a = \frac{U^2}{8\frac{L}{D}}\left(\frac{1}{C_d^2} - K_c - 1\right) \tag{2.30}$$

平均湍能耗散：

$$\varepsilon_{\mathrm{a}}=\frac{K_{\varepsilon}U^{3}}{2L}\left(\frac{1}{C_{\mathrm{d}}^{2}}-K_{\mathrm{c}}-1\right) \tag{2.31}$$

式中，U 为整个喷射过程的平均喷射速度；D 为液滴直径；C_{d} 为流量系数；L 和K_{c} 分别为喷孔长度和形状损失系数；K_{ε} 是一个经验系数。

相应的湍流尺度 L_{t}^{0} 和时间尺度 τ_{t}^{0} 为：

$$L_{\mathrm{t}}^{0}=C_{\mu}^{\frac{3}{4}}\frac{k_{\mathrm{a}}^{\frac{3}{2}}}{\varepsilon_{\mathrm{a}}} \tag{2.32}$$

$$\tau_{\mathrm{t}}^{0}=C_{\mu}^{\frac{3}{4}}\frac{k_{\mathrm{a}}}{\varepsilon_{\mathrm{a}}} \tag{2.33}$$

式中，C_{μ} 是 $k-\varepsilon$ 方程的系数，每个粒子都给定某一确定值为初始值。之后紊乱现象在粒子中随时间衰减，用式（2.34）与式（2.35）描述此段时间的依赖性：

$$L_{\mathrm{t}}(t)=L_{\mathrm{t}}^{0}\left(1+C_{\mathrm{a1}}\frac{t}{\tau_{\mathrm{t}}^{0}}\right)^{C_{\mathrm{a2}}} \tag{2.34}$$

$$\tau_{\mathrm{t}}(t)=\tau_{\mathrm{t}}^{0}\left(1+C_{\mathrm{a1}}\frac{t}{\tau_{\mathrm{t}}^{0}}\right) \tag{2.35}$$

式中，C_{a1} 和C_{a2} 为模型系数，由表 2.2 给出。

表 2.2　Huh 雾化模型系数

C_{μ}	k_{a}	k_{ε}	C_{a1}	C_{a2}	C_1	C_2	C_3	C_4
0.09	0.45	0.5	0.92	0.45658	2.0	0.5	1.0	1.5

2．*液滴尺寸分布*

假定从喷嘴流出的射流产生了直径为D_{d} 的父系液滴。它们的破裂速率为：

$$\frac{\mathrm{d}D_{\mathrm{d}}}{\mathrm{d}t}=-\frac{2L_{\mathrm{A}}}{(\tau_{\mathrm{A}}\times 0.1)} \tag{2.36}$$

式中，L_{A} 为特征长度；τ_{A} 为特征时间。

当自发时间尺度逐渐变大，超过指数时间尺度后，初始破裂过程就停止了。

由父系液滴破裂形成的二级液滴直径，用式（2.37）来计算：

$$p(x) = C\frac{\Phi(x)}{\tau_A(x)} \tag{2.37}$$

式中，x 为液滴大小；C 为归一化常数；$\Phi(x)$ 为对湍流频谱进行量纲归一化的处理，即假设各向为同性湍流。$\Phi(x)$ 可由式（2.38）计算：

$$\Phi(x) = \frac{\left[\frac{k(x)}{k_e}\right]^2}{\left\{1+\left[\frac{k(x)}{k_e}\right]^2\right\}^{\frac{11}{6}}} \tag{2.38}$$

这里最高波动数给定 $k_e = 2\pi/L_e$，$L_e = L_t/0.75$。

分布函数：

$$F(x) = \int_{x_{min}}^{x} p(x)\,dx$$

上述积分由最小液滴尺寸 x_{min} 开始，x_{min} 可由来自 Kelvin - Helmholtz 不稳定理论的表达式计算：

$$x_{min} = 2\pi\frac{\sigma(\rho_d+\rho)}{U^2\rho_d\rho} \tag{2.39}$$

在这个模型的应用中，二级液滴的尺寸和数目由一个分布函数 F 中任意选定的值和液体质量平衡确定。二级液滴的速度设定为初级液滴的速度。

3. 喷雾角度和初始速度

喷雾半锥角 β 由下式计算：

$$\tan\beta = \frac{\frac{L_A}{\tau_A}}{U} \tag{2.40}$$

它被用来确定液滴初始径向速度分量的上限值。

如图 2.1 所示，对于每一个液滴的初始速度、方向等都需要进行假设。液滴速度的分量由下列关系式计算得出：

$$u_{d,x} = u_{ch} \sin \beta_d \cos \alpha_d \tag{2.41}$$

$$u_{d,y} = u_{ch} \sin \beta_d \sin \alpha_d \tag{2.42}$$

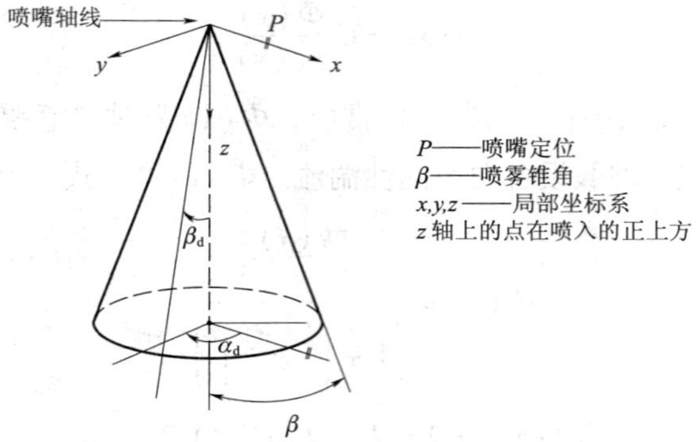

图 2.1　初始液滴速度

$$u_{d,z} = u_{ch} \cos \beta_d \tag{2.43}$$

这里β_d 和α_d 是随机角，由下式给出：

$$\beta_d = X_{r,1}\beta \tag{2.44}$$

$$\alpha_d = 2\pi X_{r,2} \tag{2.45}$$

这里$X_{r,1}$和$X_{r,2}$是位于［0，1］之间的任意数。

2.4.2　液滴破碎模型

液滴在周围流体中运动时，由于液滴与流体之间的相对运动，在液滴表面会产生一个作用力，在这个力的影响下，液滴会发生极不稳定的运动，作用力持续影响，导致液滴最终破裂。STAR－CD 为了较准确地描述这一过程，在软件内部设置了一系列的破裂模型，主要有：Reitz Diwakar 破裂模型、Pilch Erdman 破裂模型以及 Hsiang Faeth 破裂模型等。本书选用 Reitz Diwakar 模型来进行计算。

Reitz Diwakar 破裂模型中，又分为气袋破裂与剥离破裂，它们都是由于气体动力致使液滴破碎的，只是破裂开始的判断标准有所不同。

（1）气袋（Bag）破裂：压力场液滴的不均衡导致液滴进入低压

层而膨胀，当液滴表面张力被克服后液滴破裂。

（2）剥离（Stripping）破裂：液体从液滴表面脱落或被剥裂。剥离系数为：

$$W_{\mathrm{e}}=\frac{\rho\ |\bar{u}-\bar{u}_{\mathrm{d}}|^{2}D_{\mathrm{d}}}{2\sigma_{\mathrm{d}}}\geqslant C_{\mathrm{b1}} \tag{2.46}$$

式中，σ_{d} 为表面张力系数；C_{b1} 为经验系数；其值为 3.6 ~ 8.4。在 STAR – CD 中默认设置 $C_{\mathrm{b1}}=6$。

相应的特征时间：

$$\tau_{\mathrm{b}}=\frac{C_{\mathrm{b2}}\rho_{\mathrm{d}}^{\frac{1}{2}}\ D_{\mathrm{d}}^{\frac{3}{2}}}{4\sigma_{\mathrm{d}}^{\frac{1}{2}}} \tag{2.47}$$

式中，$C_{\mathrm{b2}}\approx\pi$。

对于 Stripping 破裂模型，其破裂开始的标准为：

$$\frac{W_{\mathrm{e}}}{\sqrt{Re_{\mathrm{d}}}}\geqslant C_{\mathrm{s1}} \tag{2.48}$$

式中，C_{s1} 是一个系数，其值为 0.5；Re_{d} 代表液滴的雷诺数，由下式定义：

$$Re_{\mathrm{d}}=\frac{\rho\,|\bar{u}-\bar{u}_{\mathrm{d}}|D_{\mathrm{d}}}{u} \tag{2.49}$$

特征时间长度为：

$$\tau_{\mathrm{b}}=\frac{C_{\mathrm{s2}}}{2}\left(\frac{\rho_{\mathrm{d}}}{\rho}\right)^{\frac{1}{2}}\frac{D_{\mathrm{d}}}{|\bar{u}-\bar{u}_{\mathrm{d}}|} \tag{2.50}$$

经验系数 C_{s2} 的取值范围为 2 ~ 20，STAR – CD 默认设置为 20。

2.4.3 液滴撞壁模型

若综合考虑燃油液滴的大小、传递速度以及壁面的特性等，液滴的碰壁过程将产生非常复杂、多重的结果。

计算中，使用的是 STAR – CD 软件提供的 Bai 喷雾撞壁模型。此模型建立的前提条件是不考虑液滴相邻碰壁的干扰及气体边界层的影响，针对干壁和湿壁，可以将 5 种碰壁机理按韦伯数递增顺序，各自简化为以下几种：

干壁：黏附→摊布→飞溅

湿壁：反弹→摊布→飞溅

为了明确各个形态的判断依据，使它们在一定的参数范围内，需要做出更进一步的假设，如：各种形态之间的转换并不像实际那样处于某一具体的范围中，而是全部与一个确定的参数值对应；将以上所提及的那些影响碰壁结果的物理参数，进行量纲归一化后再组合，重点以韦伯数为基本参数，而对一些次要参数可以忽略其影响。以此为基础，结合试验数据，得出了界定碰壁的判据。

干壁：

（1）发生黏附时：

$$W_{ed} \leqslant W_{ea} \tag{2.51}$$

式中，W_{ed}为碰壁液滴的韦伯数；W_{ea}为发生飞溅时的常数界值，$W_{ea} = ALa^{-0.18}$。（其中A是一个系数，依赖于表面粗糙度r_s，具体数值如表2.3所示）；La为拉普拉斯数，定义如下：

$$La = \frac{\rho_d \sigma D_d}{\mu_d^2} \tag{2.52}$$

（2）发生飞溅时：

$$W_{ed} > W_{ea} \tag{2.53}$$

表 2.3　A 对壁面粗糙度的依赖度系数

r_s/μm	0.05	0.14	0.84	3.1	12.0
A	5 264	4 534	2 634	2 056	1 322

湿壁：

（1）发生反弹时：

$$W_{ed} \leqslant 5 \tag{2.54}$$

（2）发生摊布时：

$$5 < W_{ed} \leqslant W_{es} \tag{2.55}$$

这里的 W_{es} 定义为：

$$W_{es} = A_w La^{-0.18} \quad (2.56)$$

A_w 是一个经验系数，其默认值为 1 320。

（3）发生反弹时：

$$W_{ed} > W_{es} \quad (2.57)$$

2.5　燃烧模型

2.5.1　层流－湍流特征时间燃烧模型

本书对于燃烧计算采用的是层流、湍流特征时间尺度燃烧模型。此模型是基于 Magnussen、Abraham 和 Patterson 等人的研究工作建立起来的，获得了成功的验证。该模型也有一些假设，如：柴油机层流化学反应将决定其初期燃烧的速率，燃烧行为可随着反应进行直至被观察到，而湍流开始影响燃烧速率直至层流的时间尺度远远小于湍流的时间尺度，此阶段湍流混合将控制接下来的整个燃烧过程。

层流－湍流特征时间燃烧模型，不能忽略喷嘴附近产生喷雾的区域，这些层流时间尺度是必须考虑的。于是，就得到修改后的计算式为：

$$R_f = \frac{\rho A}{\tau_t}\min\left(Y_f,\ \frac{Y_{O_2}}{r_f},\ \frac{BY_P}{1+r_f}\right)\ (\mathrm{kg\cdot m^{-3}\cdot s^{-1}}) \quad (2.58)$$

式中，τ_t 为湍流时间尺度，$\tau_t = \dfrac{k}{\varepsilon}$。

而层流的时间尺度在内燃机燃烧过程中，要引入特征时间 τ_c，替代式（2.58）中的 τ_t，得到：

$$R_f = \frac{\rho A}{\tau_c}\min\left(Y_f,\ \frac{Y_{O_2}}{r_f},\ \frac{BY_P}{1+r_f}\right) \quad (2.59)$$

式中，τ_c 为复合时间尺度 $\tau_c = \tau_1 + f\tau_t$，；$Y_f$，$Y_{O_2}$，$Y_P$ 分别为燃料、氧气和燃烧产物的质量分数；B 为经验系数。

层流的时间尺度τ_1由 Arrhenius – type 反应速率衍化而来，指前因子$A=2.0\times10^{10}$ [s^{-1}]：

$$R_{\mathrm{f\,Laminar}}=A[C_{12}H_{26}]\exp\left(\frac{-E}{R_{\mathrm{m}}T}\right) \tag{2.60}$$

式中，[$C_{12}H_{26}$]为燃料的浓度；E表示活化能；R_{m}为常数；T为温度。本书计算中用$C_{12}H_{26}$代替柴油燃料，其活化能为154 kJ/mol。层流时间尺度τ_1由下式获得：

$$\tau_1=A^{-1}\exp\left(\frac{E}{R_{\mathrm{m}}T}\right) \tag{2.61}$$

湍流时间尺度τ_{t}与涡流翻滚时间成正比，即：

$$\tau_{\mathrm{t}}=C_2\frac{k}{\varepsilon} \tag{2.62}$$

式（2.62）中$C_2=0.142$。

式（2.63）中的延迟系数f，用来模拟点火后湍流对燃烧增加的影响，它有如下的形式：

$$f=\frac{1-\exp(-c)}{0.632} \tag{2.63}$$

式中，系数c是反应进行变量，定义如下式：

$$c=\frac{Y_{\mathrm{ft}}-Y_{\mathrm{f}}}{Y_{\mathrm{ft}}-Y_{\mathrm{res}}} \tag{2.64}$$

式中，Y_{ft}为全部燃料在燃烧前的质量分数；Y_{res}为燃烧结束剩余燃料质量分数。

特征燃烧时间尺度如式（2.65）所示：

$$\tau_{\mathrm{c}}=\begin{cases}\tau_1 & \text{（当没有燃烧限制时）}\\ \tau_1+\tau_{\mathrm{t}} & \text{（当完全燃烧限制时）}\end{cases} \tag{2.65}$$

2.5.2 点火模型

书中计算选用 Shell 自燃模型为点火模型。此模型起初是为了研究汽油机中的敲缸现象而发展起来的，对模型进行适当修正之后，就扩展至用于柴油机高分子燃料燃烧的点火过程。链传播循环为数学模型提供了框架，依靠一系列的化学反应，通过火焰进行传播；此模型引入了一般性的分子物类，在点燃的反应过程中，物类会起到一个相似的作用，其区别只是在具体的结构上，所以可将其统一为一个单一实体予以考虑。另一方面，此模型可以对冷焰和两阶段点燃过程进行模拟，同时还可以模拟点火后反应速率急剧加速的过程，以及从两阶段向单阶段由于温度的升高致使点火转变的过程。

Shell 模型有以下八步反应：

点燃（链引发）：

$$RH + O_2 \rightarrow 2R^*$$

链传播：

$$R^* \rightarrow R^* + P$$

$$R^* \rightarrow R^* + B$$

$$R^* \rightarrow R^* + Q$$

$$R^* + Q \rightarrow R^* + B$$

分支：

$$B \rightarrow 2R^*$$

线性链的终止：

$$R^* \rightarrow \text{惰性气体}$$

二次方链终止：

$$2R^* \rightarrow \text{惰性气体}$$

式中，RH 为碳氢燃料的名义组成 C_mH_{2n+2}；R^* 为燃料中形成的自由基；B 为化学模型的中间产物，即分支媒介；Q 为活性中间产物；P 为反应产物，包括 CO、CO_2、H_2O。

反应速率系数 k，采用 Arrhenius 形式：

$$k = A\exp\left(-\frac{E}{RT}\right) \tag{2.66}$$

特别要指出，为了使反应式维持质量的平衡，在该模型的使用中，要对通用分子的分子质量，如 R* 、B、Q 和 P 进行恰当的定义。

柴油中包含有许多化学成分，在不同的燃烧阶段都会发生多重的化学反应，而选用数值模拟的方式计算，对于每一步的化学反应不可能也不必要全部予以考虑，所以本书采用 $C_{12}H_{26}$ 代替柴油，因为二者的分子质量是相近的；采用的燃烧化学反应如下式：

$$C_{12}H_{26} + 18.5O_2 \longrightarrow 12CO_2 + 13H_2O \tag{2.67}$$

2.5.3 NO_x 排放模型

在整个燃烧模型中，有一个不可或缺的组成部分，就是排放模型；与其他子模型相比有着自身的独特性。内燃机在燃烧反应过程中会产生各种废气污染物，NO_x（氮氧化物）就是其中重要的一种，NO_x 在一种非平衡状态下产生一种有害气体，其生成主要取决于气缸内的燃烧温度。

目前，已确定的 NO 生成途径主要有以下三种：

（1）高温状态下，在已燃区内生成的 NO，称为热 NO；

（2）瞬时反应过程中，在火焰区内生成的 NO，称为快速型 NO；

（3）燃料中的氮被氧氧化生成了 NO，称为燃料型 NO。

而内燃机工作产生 NO 的途径主要以（1）、（2）方式为主，其中高温状态下的热 NO 占绝对的比例，因此针对 Zeldovich – NO 的生成机理展开详细的介绍。反应机理可由下面两式表达：

$$N_2 + O \underset{K_{b1}}{\overset{K_{f1}}{\rightleftharpoons}} NO + N \tag{2.68}$$

$$N + O_2 \underset{K_{b2}}{\overset{K_{f2}}{\rightleftharpoons}} NO + O \tag{2.69}$$

式中，K_{f1}，K_{f2} 为正向反应速率常数；K_{b1}，K_{b2} 为逆向反应速率常数。

2.6 耦合喷孔内流的燃油雾化模型的建立

在第 1 章已经讨论过，国内外研究者们都已经证实了喷嘴内部空穴和湍流扰动对其燃油喷射雾化效果有着很大程度的影响，尤其是在喷雾发生初次雾化过程中影响更为明显，因为湍流扰动使喷孔出口处燃油速度矢量更有利于卷吸空气，加剧了液滴与空气间表面波的不稳定性。因此，研究者们认为单纯提取喷孔内部流动的关键参数用于燃油喷雾入口边界条件的做法，使喷雾模拟有一定误差，从而试图将喷嘴内空穴和湍流流动特性的计算结果传递给燃油喷雾数值模拟模型的入口条件，国内很多研究者也开始对这方面进行了研究，如王谦和何志霞、肖迪等人。

本书利用 AVL－FIRE 软件对燃油喷射雾化过程进行模拟，所采用的耦合喷雾模拟方法可以分为喷油嘴内部的两相流模拟和外部喷雾模拟，通过软件接口程序实现两个模拟过程的联合进行耦合模拟，如图 2.2 所示。

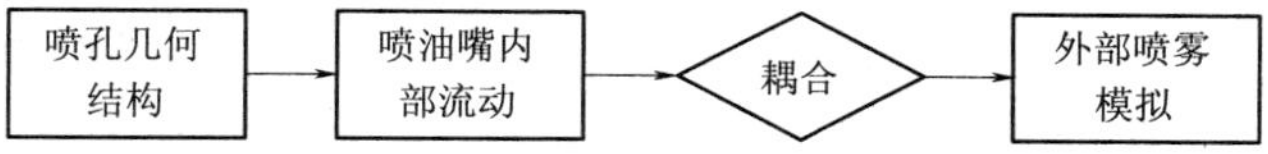

图 2.2　喷雾模拟示意图

具体实施方案：首先采用欧拉－欧拉模型方法对喷油嘴内部的两相流流动进行数值模拟，获得喷孔出口处的物理参数，比如喷孔的空间坐标和几何尺寸，以及喷嘴内部两相流在出口截面处不同时刻下的压力分布、速度分布、湍动能分布、湍流耗散率、气液两相的体积分数和温度分布等参数，然后通过喷孔出口截面上的网格单元计算出不同时刻的这些参数，并保存在一个 .noz 文件中。再采用拉格朗日模型方法模拟喷雾过程，在设置喷孔参数时调入这个 .noz 文件，将喷油嘴内部流动获得的喷孔出口的流动特性参数作为边界条件，并主要通过启用不同的雾化模型，使燃油液滴发生雾化破碎，从而使模型具有更高的准确性，更为接近实际情况。

$$N + OH \underset{K_{b3}}{\overset{K_{f3}}{\rightleftharpoons}} NO + H \qquad (2.70)$$

式中，K_{f3}为正向反应速率常数；K_{b3}为逆向反应速率常数。一般情况下，依照上述机理计算，得到燃烧室内NO的生成浓度与实测结果有较高的一致性。式（2.70）是在两个自由基之间进行反应的，所以生成反应速率相对较低，因此对NO总的生成量所起的作用并不明显，过去通常忽略不计，但随着排放法规对NO限排越加严格，现在就必须把它也一同综合考虑。

表2.4对式（2.68）~式（2.70）三个反应式中的6个反应速率常数一一进行列举。能够发现，式（2.68）具有较高的活化能，对温度敏感性高，控制整个反应中NO的生成。

表2.4　反应速率常数

反应速率常数	表达式/［$cm^3\cdot(mol\cdot s)^{-1}$］	温度范围/K
K_{f1}	$7.6\times10^{13}\exp(-38\ 000/T)$	2 000 ~5 000
K_{b1}	1.6×10^{13}	300 ~5 000
K_{f2}	$6.4\times10^{9}\exp(-3\ 150/T)$	300 ~3 000
K_{b2}	$1.5\times10^{9}\exp(19\ 500/T)$	1 000 ~3 000
K_{f3}	1.0×10^{14}	300 ~2 500
K_{b3}	$2.0\times10^{14}\exp(-23\ 650/T)$	2 200 ~4 500

因为当化学反应方程达到平衡时，同一反应中的正、逆向反应速率相同，所以上述三个反应在平衡时的方程如式（2.71）~式（2.73）所示：

$$K_{f1}[N_2][O]=K_{b1}[NO][N] \tag{2.71}$$

$$K_{f2}[N][O_2]=K_{b2}[NO][O] \tag{2.72}$$

$$K_{f3}[N][OH]=K_{b3}[NO][H] \tag{2.73}$$

式中，［　］表示各成分的均衡浓度。

将式（2.71）和式（2.72）进行方程组的求解，就得到了缸内燃烧整个反应过程中热 NO 的生成量：

$$N_2 + O_2 = 2NO \tag{2.74}$$

用$K_f = K_{f1} \times K_{f2}$表示正向反应率，$K_b = K_{b1} \times K_{b2}$表示逆向反应率。整个反应过程中的化学成分，均用于单步燃料转化的方程中。NO 守恒方程中的源项由式（2.75）得到：

$$\frac{d[NO]}{dt} = 2K_f [N_2][O_2] \tag{2.75}$$

这里仅考虑有生成物的反应方程，即正向的反应方程，而正反应的反应速率由式（2.76）得到：

$$K_f = \frac{A}{\sqrt{T}}\exp\left(-\frac{E_a}{RT}\right) \tag{2.76}$$

式中，A 表示预指数因子；E_a 表示活化能。

第3章　船用低速柴油机仿真模型的建立及扫排气过程分析

3.1 研究对象和计算模型

3.1.1 研究对象

本书以某船用低速二冲程柴油机作为研究对象，其基本参数见表3.1。

表3.1 某柴油机的基本参数

参数名称	参数值
缸径/mm	340
冲程数	2
冲程长度/mm	1 600
连杆长度/mm	1 600
转速/（r·min^{-1}）	169
压缩比	20.5

3.1.2 计算模型

在应用STAR－CD软件进行计算之前，首先应用三维建模软件UG进行三维几何造型，该几何模型由某柴油机制造企业提供，该柴油机单缸结构如图3.1所示。然后应用Hypermesh软件提取三维CFD计算中流体所经过的一个封闭区域，即流体域。流体域主要包括排气道、排气阀、气缸盖、气缸壁、活塞、扫气口、扫气箱等部分，如图 3.2 所示。最后将提取的流体域模型保存为可以导入 STAR - CD 的 .stl 格式的文件。

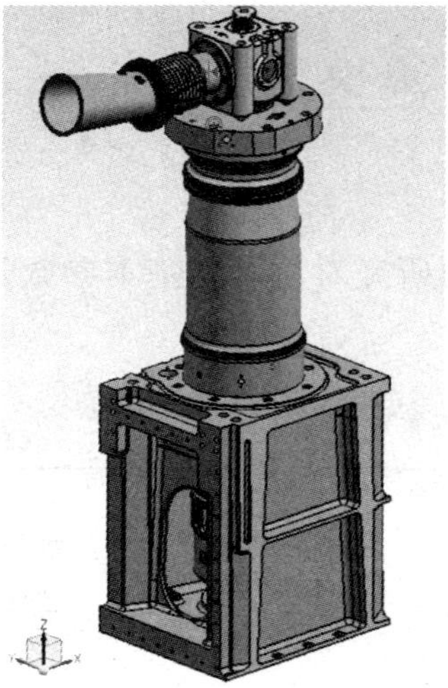

图 3.1　柴油机结构

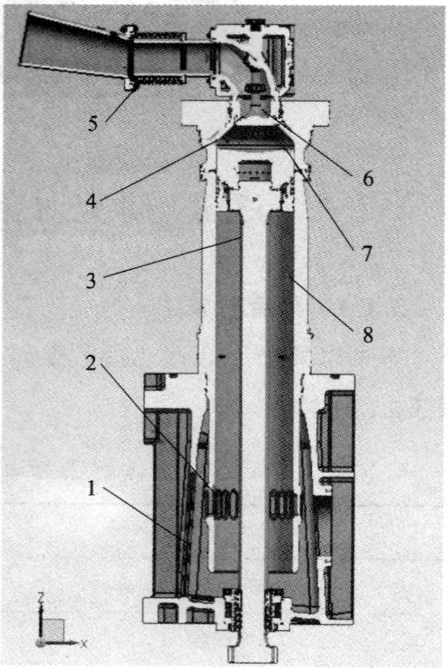

图 3.2　缸内流体域

1—扫气箱；2—扫气口；3—连杆；
4—气缸盖；5—排气道；6—排气阀；
7—活塞；8—气缸壁

3.1.3　网格划分

在模拟计算之前，首先要将几何模型划分为计算所需的网格。众所周知，在整个模拟过程中，计算网格的划分往往占据了整个操作过程的大部分时间，尤其是缸内动网格的划分对于柴油机缸内工作过程的模拟最为重要、耗时也最长。而 STAR - CD 的 ES - ICE（Expert Systems for Internal Combustion Engines）模块是一款集成了发动机动网格生成、计算设置及后处理功能的发动机分析软件。ES - ICE 有三种动网格划分方法：Mapping、Trimming 和 Sector 供用户选择。由于用 Mapping 法划分得到的网格均为六面体网格，而且这种网格的计算精度高、计算收敛性好，所以本书选用 Mapping 的方法对缸内动网格进行划分，得到的缸内动网格如图 3.3 所示。

图 3.3　缸内动网格

排气道部分的几何特征稍显复杂，但不涉及网格的运动，因此其网格划分相对简单。应用 STAR - CD 软件的 PRO - STAR 模块内置的 AUTOMESH 功能，采用 Trimming 方法对排气道部分进行网格划分，得到的排气道网格如图 3.4 所示。

扫气箱部分的几何特征较为复杂，而且尺寸较大，所以应用 STAR - CCM + 软件采用 Trimming 方法对扫气箱部分进行网格划分，得到的扫气箱网格如图 3.5 所示。

图 3.4　排气道网格

图 3.5　扫气箱网格

扫气口部分的几何特征比较规则，由于网格装配需要，扫气口与气缸壁结合面的网格必须为四边形，所以应用 ANSYS 软件的 ICEM 模块对扫气口部分进行网格划分，得到的扫气口网格如图 3.6 所示。最后将各部分网格模型导入 ES - ICE 中，并进行组装得到船用低速二冲程柴油机完整的计算网格，如图 3.7 所示。

图 3.6　扫气口网格

图 3.7　船用低速二冲程柴油机完整的计算网格

3.1.4　计算初始及边界条件的确定

本书中对某船用低速二冲程柴油机缸内工作过程进行的多维燃烧数值模拟是从排气阀开启时刻 110 ℃A 开始，到下一次排气阀开启时刻 470 ℃A 结束。模拟计算所用的初始及边界条件是由一维整机系统模拟得出的。具体的初始及边界条件如表 3.2 所示。

表 3.2　计算的初始及边界条件

参数名称	参数值
缸内压力/bar①	9.305 116
缸内温度/K	935.338 400
排气道压力/bar	3.365 782
排气道温度/K	419.483 000
扫气箱压力/bar	3.702 040
扫气箱温度/K	317.821 870
出口压力/bar	3.431 320
出口温度/K	677.196 000
进口压力/bar	4.460 000

① 1 bar = 10^5 Pa。

续表

参数名称	参数值
进口温度/K	317.079 000
气缸盖温度/K	366.575 000
气缸壁温度/K	距上止点 0～1/6 处为 623
	距上止点 1/6～1/2 处为 548
	余下 1/2 为 498

3.2　换气过程模拟和结果分析

船用低速二冲程柴油机的换气过程不同于一般的四冲程柴油机，四冲程柴油机有四个活塞行程，有专门的换气行程，而二冲程柴油机仅有两个活塞行程，没有单独的换气行程。二冲程柴油机的换气过程：① 在膨胀行程后期，排气阀开启，缸内燃烧的废气最先排出；② 在膨胀行程中，活塞运动经过扫气口上方的位置后，扫气口开启，压力较高的新鲜空气由扫气口进入气缸内，同时废气被强制排出，进行气体交换过程；③ 活塞持续下行，通过下止点后进入压缩行程；④ 先关闭扫气口，再关闭排气阀，一个完整的换气过程结束。

3.2.1　数学模型

通常在进行缸内燃烧过程模拟之前，首先模拟换气过程中缸内的气体运动，计算中不考虑缸内的喷雾和燃烧过程，只研究压缩、膨胀行程中新鲜空气进入和缸内废气排出的过程。

湍流模型选用标准 $k-\varepsilon$ 湍流模型，假设缸内气体为理想气体，并选用 Peng－Robinson 实际气体模型。本书采用示踪法用于统计进气和排气过程的新鲜空气的浓度，将扫气箱内初始状态下的新鲜空气的浓度设置为 100%，缸内和排气道内初始状态下的新鲜空气的浓度设置为零。

3.2.2　换气过程模拟结果分析

1. 给气效率与扫气效率

从仿真结果文件中提取各示踪气体的数据，并绘制成散点图，得到气缸内、排气道及扫气箱内新鲜空气的质量随曲轴转角变化的曲线，如图 3. 8 所示。

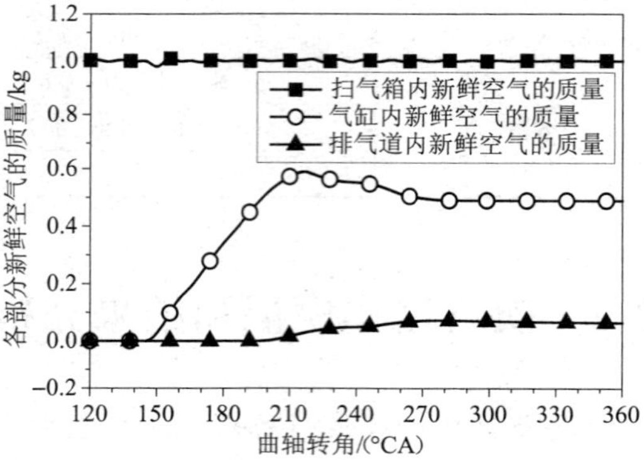

图 3. 8　气缸内、排气道及扫气箱内新鲜空气的质量变化曲线

由图 3. 8 中扫气箱内新鲜空气的质量变化曲线可知，扫气箱内新鲜空气的质量随曲轴转角改变没有太大变化，呈总体稳定趋势，稳定值为 1. 001 0 kg，只是在 140 ℃A 和 220 ℃A 附近稍有波动。这是因为 141 ℃A 和 219 ℃A 分别是扫气口开启和关闭的时刻，在扫气口开启和关闭的瞬间，缸内和扫气箱间存在明显的压力差，这种压力差引起新鲜空气的快速流动，也就造成了扫气箱内新鲜空气质量的波动。

由气缸内新鲜空气的质量曲线可知，气缸内新鲜空气质量随曲轴转角变化呈先升高后降低，最终趋于稳定的趋势。这是因为在 141 ℃A 时，扫气口开启，在气缸内与扫气箱间压力差的作用下，大量新鲜空气迅速进入气缸内，使气缸内的新鲜空气几乎呈线性上升趋势，直到 219 ℃A 时，扫气口关闭，气缸内新鲜空气的质量达到最大值 0. 588 7 kg。至此气缸内扫气过程已经完成，气缸内的新鲜空气不再增加；然后随着扫气口关闭、活塞上升和强制排气的进行，气缸内的新鲜空气呈下降趋势；最后随着排气道关闭，气缸内新鲜空气的质量趋于稳定，稳定值为 0. 489 0 kg。

由排气道中新鲜空气质量曲线可知，排气道新鲜空气的质量随曲轴转角呈先升高后降低的趋势，但上升时刻晚于气缸内的新鲜空气，在 198 ℃A 时才开始上升。这是因为新鲜空气进入气缸后，推动气缸内气流向上流动，首先将气缸内残余的废气排入排气道，直到 198 ℃A 时，随着扫气过程的持续进行，不断有新鲜空气补充进气缸内，气缸内新鲜空气的质量增多，这时才将先期进入气缸内的新鲜空气排入排气道；在排气阀关闭后，排气道的新鲜空气得不到补充，在流动惯性的作用下，排气道的新鲜空气随气体流动排入排气集管，排气道的新鲜空气开始减少。

通过上述分析可知，船用低速柴油机在换气过程中，从扫气口进入气缸内的新鲜空气并没有都留在气缸内为燃烧做功提供氧气，有一部分新鲜空气通过排气道直接被强制排出机外。通过监测从扫气口流入的新鲜空气的流量和气缸内的新鲜空气量，按照式（3.1）可以计算得到该船用低速柴油机的给气效率 η_{tr} 为 77.5%。

$$\eta_{tr} = \frac{G_2}{G_1} \tag{3.1}$$

式中，G_1 为扫气过程流入气缸内的新鲜空气总量；G_2 为换气结束后余在气缸内的新鲜空气量。

监测到的从扫气箱入口流入和从排气道出口排出的新鲜空气的质量流量如图 3.9、图 3.10 所示。

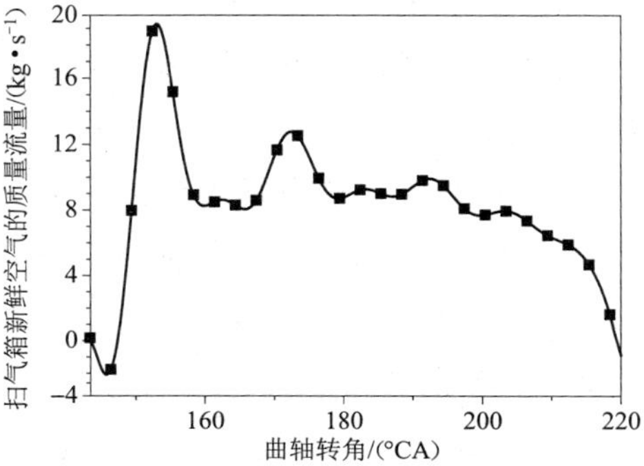

图 3.9　扫气箱入口流入的新鲜空气的质量流量

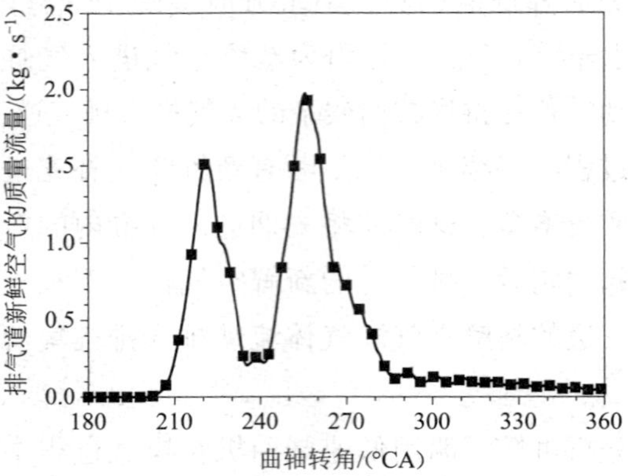

图 3. 10　排气道出口排出的新鲜空气的质量流量

由图 3. 9 扫气箱入口流入的新鲜空气的质量流量可知，扫气口刚开启时，新鲜空气的质量流量为负值，说明出现了短暂的倒流，这是由于刚开启扫气口时，气缸内的压力大于扫气箱内的压力；随后质量流量迅速攀升至正值，而且不断增大，说明大量新鲜空气开始进入气缸内，这是由于经过了初期的回流，扫气箱的压力已经大于气缸内的压力，在压力差的作用下，大量空气被扫入气缸内；然后随着活塞经过下止点，进入压缩行程，气缸内的压力开始逐渐增大，质量流量开始缓慢减小；最后当活塞位置超过扫气口上端位置，扫气口完全关闭，新鲜空气的质量流量趋近于零。

由图 3. 10 排气道出口排出的新鲜空气的质量流量可知，排气道出口的新鲜空气的质量流量仍是滞后于扫气箱入口的新鲜空气的质量流量（见图 3. 8 排气道内新鲜空气的质量曲线的分析），在 198 ℃A 之前，出口的质量流量为零，随着扫气过程的进行，在大部分气缸内的废气被排出后，先期进入气缸内的新鲜空气被强制排出气缸外，进入排气道，这时出口才检测到新鲜空气的质量流量；随后在内、外压差下呈现较大的波动状态；最后在排气阀关闭后，气缸内仍留有少部分新鲜空气，在流动惯性及排气道与排气集管的压差下，出口仍有少量的新鲜空气流出，流量稳定在较低的水平上。

图 3.11 所示为气缸内气体的质量变化曲线，可知缸内的气体总质量呈先降低后升高再降低，直至稳定的趋势。这是因为在扫气过程开始时，排气阀首先开启后，气缸内的废气在气缸内与排气道的压力差作用下排入排气道，此时扫气口还未开启，气缸内气体的总质量随着废气的排出而减少；随后扫气口开启，大量新鲜空气流入气缸内，气缸内气体的总质量随新鲜空气的增加而迅速增加直至最大，最大值约为 0.635 3 kg；此后扫气口关闭，气缸内的新鲜空气得不到补充，气缸内气体的总质量随着部分新鲜空气的排出开始下降；最后直到 285 ℃A 时，排气阀完全关闭后，缸内气体总质量趋于稳定，稳定值为 0.501 1 kg。

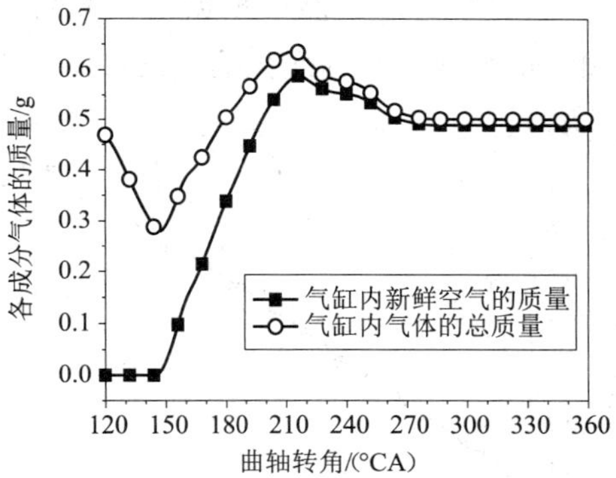

图 3.11　气缸内气体的质量变化曲线

此时气缸内新鲜空气的质量占气缸内总气体质量的 97.6%，此即扫气效率 η_s。

$$\eta_s = \frac{G_0}{G_a} \tag{3.2}$$

式中，G_0 为换气结束后气缸内剩余的新鲜空气量；G_a 为换气结束后气缸内的气体总量。

2．流量系数

流量系数反映了通道的流通能力，流量系数 C_F 的公式如式（3.3）所示：

$$C_F = \frac{Q_{m实际}}{Q_{m理论}} \tag{3.3}$$

$$Q_{m理论} = A_2 \times \sqrt{2\frac{k}{k-1} \times p_0 \times v_0 \times \left[1 - \left(\frac{p_2}{p_0}\right)^{\frac{k-1}{k}}\right]} \tag{3.4}$$

式中，$Q_{m实际}$为实际流量；$Q_{m理论}$为理论流量；A_2为气门座的面积；p_0为气缸内的压力；p_2为排气道的压力；k 为等熵指数（取 1.33）；v_0为气缸内气体的比体积。

本书为了计算排气阀流量系数，根据理论流量式（3.4）从计算结果中提取气缸内的压力 p_0、排气道的压力 p_2以及气缸内气体的比体积 v_0，计算得到理论流量 $Q_{m理论}$，然后根据式（3.3）计算得到流量系数，绘制的排气阀流量系数随升程变化的曲线如图 3.12 所示。

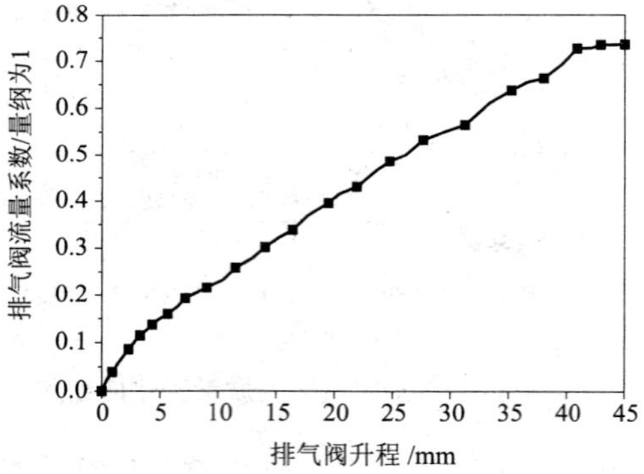

图 3.12　排气阀流量系数随升程变化的曲线

第4章　船用低速柴油机燃烧特性仿真与验证

柴油机是通过柴油的燃烧将燃料的化学能转化为机械能而对外做功的动力机械。柴油缸内燃烧状况的好坏直接影响到柴油机的功率输出，而柴油机燃烧特性的仿真能够方便地观察到柴油机内部各场的变量随时间的变化及其空间分布，这对于正确认识柴油机缸内燃烧、合理匹配油气室以及获取最佳性能具有重要意义。因此本章对柴油机的燃烧特性进行仿真分析。

4.1 计算模型

在计算柴油机的燃烧时，考虑进排气过程，计算周期为一个循环，即 360 ℃A。缸内喷油的模拟是柴油机缸内燃烧仿真的难点，当前通用的做法是在几何模型中测取喷油器喷孔的几何位置及矢量方向，之后为每个喷孔建立单一的局部坐标系来指定从喷孔喷出油束的运动。

喷油器的三维结构如图 4. 1 所示，从图中可知，船用低速二冲程柴油机喷油器的布置不同于四冲程柴油机，四冲程柴油机通常只有一个位于气缸中心的喷油器，而该船用二冲程柴油机每个气缸上都有两个关于气缸轴线轴对称的喷油器，且每个喷油器上有四个喷孔。喷油器空间布置及喷孔数量均有可能对柴油机的燃烧特性产生影响。喷油器的喷孔在燃烧特性仿真中喷射方向的位置示意如图 4. 2 所示，计算所采用的喷油规律如图 4. 3 所示。

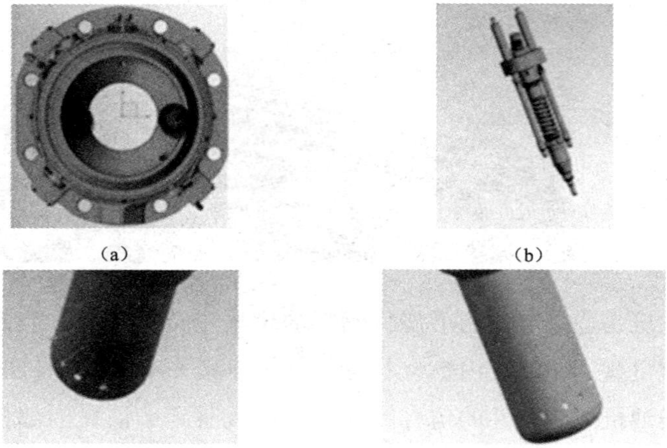

图 4.1 喷油器的三维结构

（a）喷油器空间位置；（b）喷油器；（c）右侧喷孔；（d）左侧喷孔

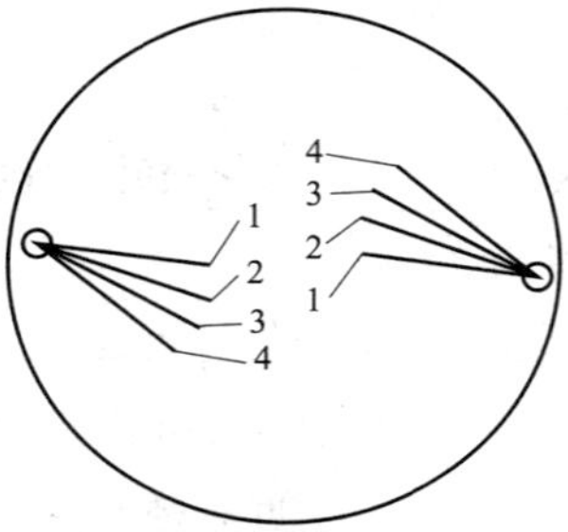

图 4.2 喷射方向的位置示意

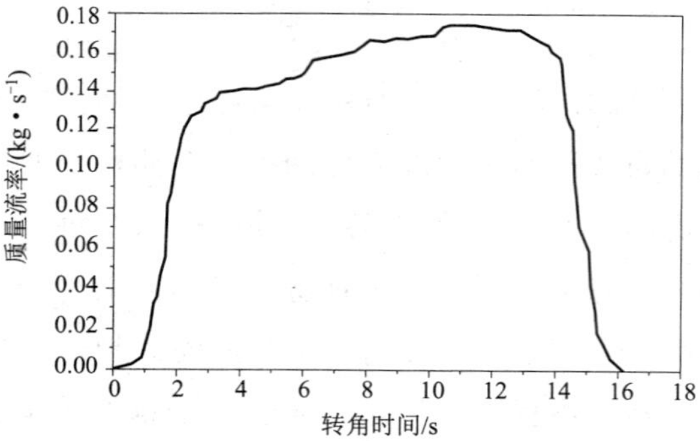

图 4.3 喷油规律

计算各子模型的相关理论已在第 2 章中阐述，这里主要采用 k－Epsilon/High Reynolds Number 湍流模型、Huh 雾化模型、Reitz－Diwakar 油滴破碎模型、Bai 撞壁模型、压缩点燃式 Shell 点火模型，燃烧模型则应用适合柴油机燃烧的层流－湍流特征时间燃烧模型即 EBU-LATCT 模型，因柴油机燃烧生成的 NO_x 主要为 NO，而目前关于 NO 生成的描述应用最广的是扩展的 Zeldovich 机理，故本书采用其作为 NO_x 生成模型。

4.2　模 型 验 证

缸内燃烧仿真所得的缸压曲线与某厂商提供的试验缸压曲线对比如图 4. 4 所示。

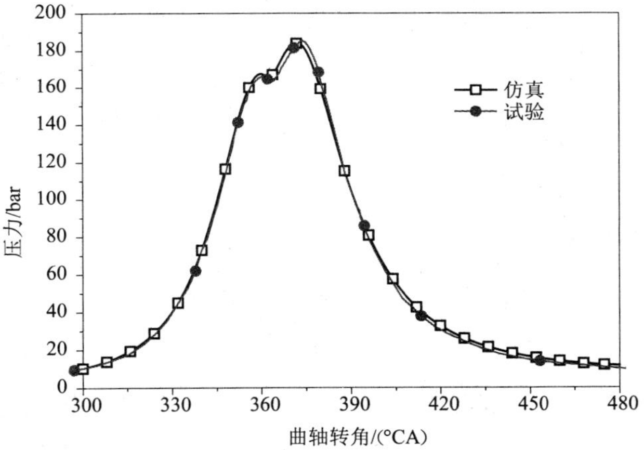

图 4. 4　缸压曲线对比图

由缸压曲线对比图可知，燃烧仿真所得的压缩压力为 167. 4 bar，TDC（Top Dead Center，上止点）；某厂商的试验压缩压力为 166 bar，TDC；压缩压力的误差为 0. 84%；仿真所得的爆发压力为 184 bar，12 ℃A ATDC（After Top Dead Center，上止点后）；某厂商的试验爆发压力为185.3 bar，14 ℃A ATDC；爆发压力的误差0.7%，对应的转角相差2 ℃A；这是由于燃烧模型、喷油规律和壁面传热等误差所致，总体来看，仿真所得的结果比较理想，在工程允许的误差范围内。可以认为该模型是正确的，计算所得的结果是可靠的。

4.3 仿真结果分析

4.3.1 缸温分析

计算所得的缸温曲线如图4.5所示。

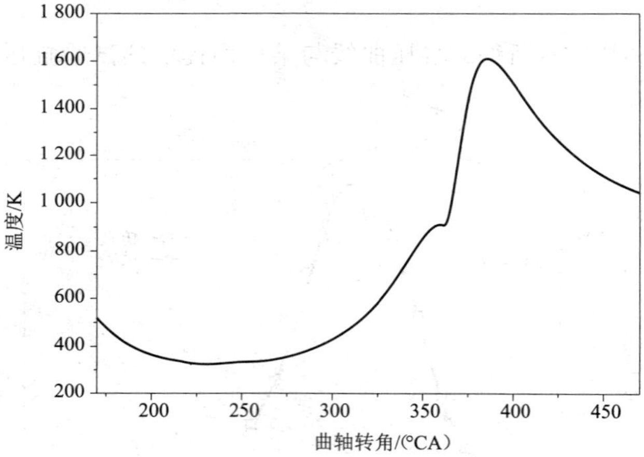

图4.5 缸温曲线

由图4.5可知，缸温曲线存在两个拐点。第一拐点出现的原因是液态燃油由喷油器喷入气缸，在缸内的高温、高压环境下，油滴蒸发吸热，使缸内温度短暂降低。第二拐点是发生在燃烧进行中，从图中可见这一点出现的位置并非在上止点，这是由于在上止点时虽然气缸压缩使缸温升高，但此时的燃烧放热温升较少，温度升高的幅度有限；在上止点后，燃油燃烧放热使缸温升高成为主导因素，气缸膨胀冲程虽然致使缸温略有下降，但其对温度的影响相对于燃烧放热对温度的影响要小得多，两者的共同作用致使这一峰值出现。第二拐点的温度即为燃烧的峰值平均温度，约为 1 610 K。

4.3.2　缸内燃油、温度、NO_x的分布

喷油器喷孔所在横截面（垂直于气缸轴线，$z=27$ mm）处在不同的曲轴转角下对应的缸内燃油、温度、NO_x分布分别如图 4.6 ~ 图 4.8 所示。

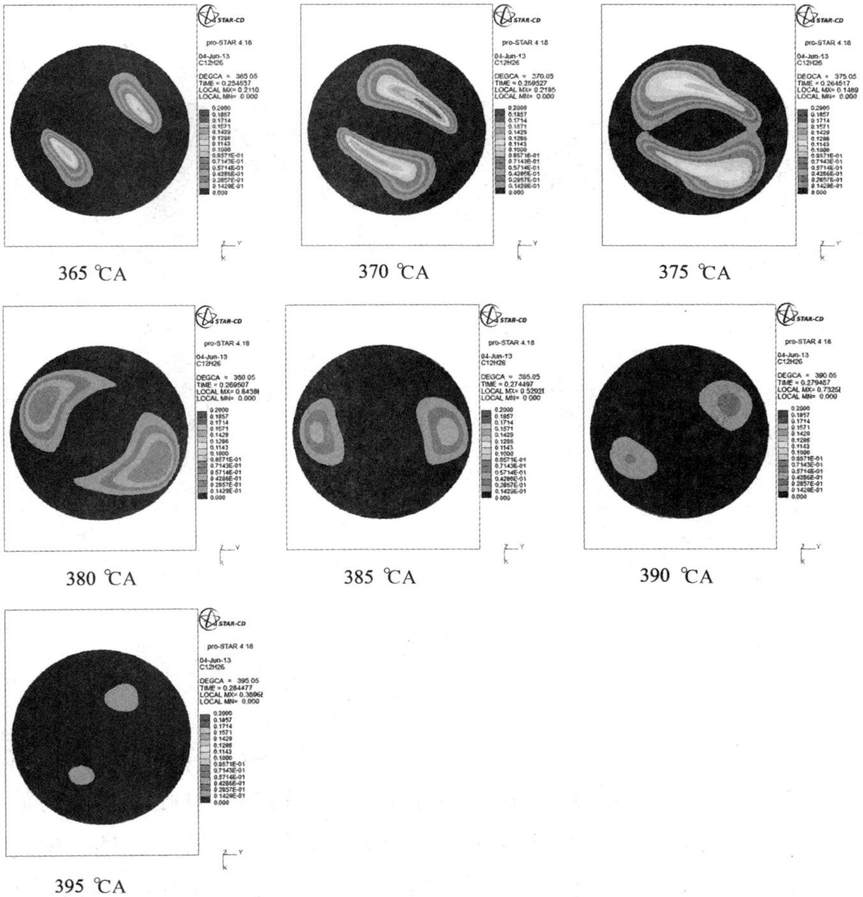

图 4.6　不同曲轴转角下燃油的分布

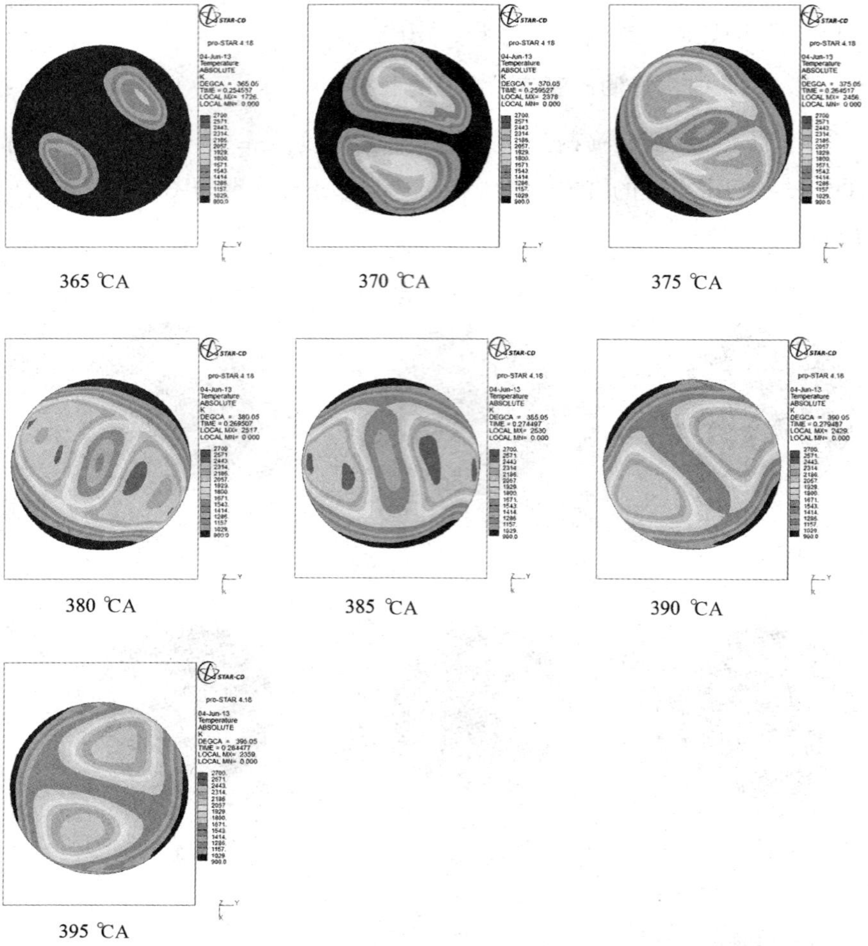

图 4.7　不同曲轴转角下温度的分布

由图4.6～图4.8可知，缸内燃油、温度及 NO_x 均绕着气缸轴线做逆时针旋转，这是由于缸内涡流的方向是逆时针的，且喷射方向与涡流的方向一致，也是逆时针方向，两者的共同作用导致了燃油、温度和 NO_x 在缸内的变化；缸内燃油、温度及 NO_x 分布位置类同，375 ℃A 前缸内尚没有出现 NO_x 的分布，这是由于在 375 ℃A 前，缸内燃油的燃烧放热所形成高温区域的温度不高，没有达到 NO_x 产生的条件，在 375 ℃A 后，因燃烧的继续进行，缸内高温气团的温度继续升高，局部高温区域满足了 NO_x 生成的温度条件时便有部分 NO_x 产生，随着扩散燃烧的进行，高温区域向低温区域的热量传递，使高温区域的范围逐渐增大，NO_x 的生成逐渐增多，这一过程持续到膨胀冲程使得缸内温度降低至 NO_x 生成的临界温度。

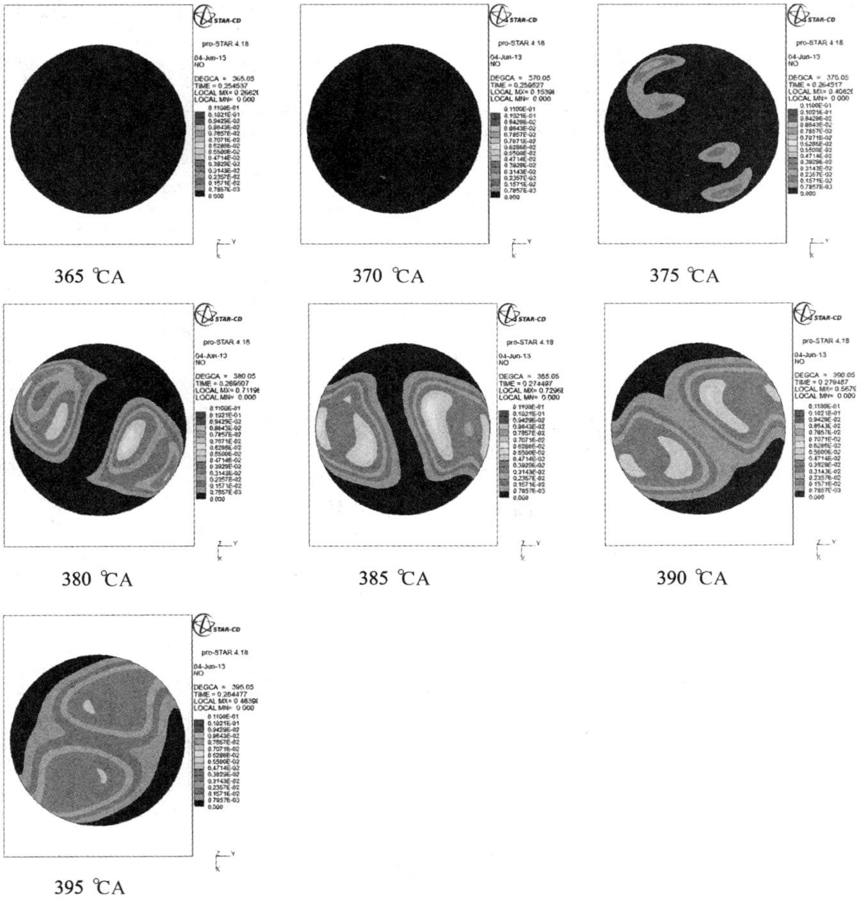

图 4.8　不同曲轴转角下 NO_x 的分布

4.3.3 放热率及排放

燃烧放热率和 NO_x 生成历程曲线分别如图 4.9、图 4.10 所示。由图 4.9 可知，在上止点时缸内燃油开始燃烧放热，柴油机的燃烧呈现出“单峰”扩散燃烧特征，最高燃烧放热率为 37 789 kJ/s，燃烧持续期约为 60 ℃A；由图 4.10 可知，约在 370 ℃A 时，NO_x 开始生成，之后 NO_x 的生成量迅速增加；约在 400 ℃A 时，NO_x 不再生成，NO_x 总量冻结在 0.866 g，这是因为燃料燃烧放热后期，活塞下行，缸内温度下降，NO_x 的生成反应停止。

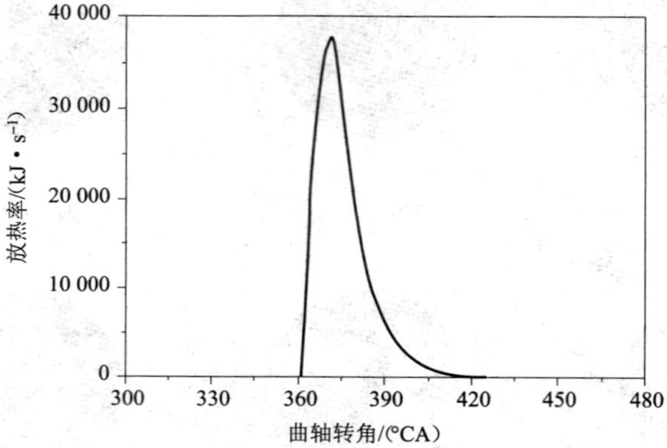

图 4.9 燃烧放热率

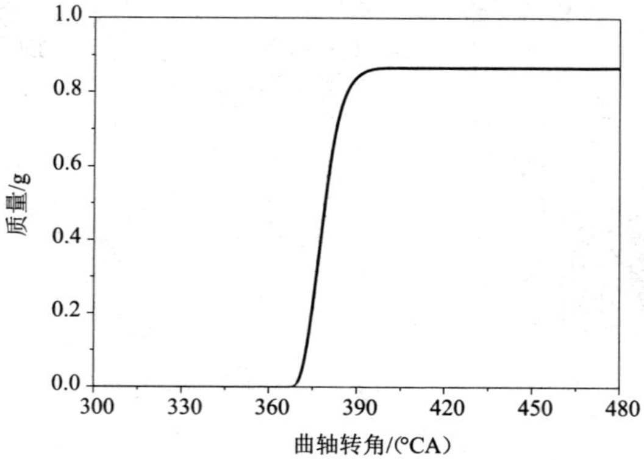

图 4.10 NO_x 生成历程

4.3.4 综合性能分析

缸内仿真计算所得的功率为954 kW，平均指示压力（Indicated Mean Effective Pressure，IMEP）为2.3 MPa，指示油耗率为159 g/（kW·h），比排放为9.1 g/（kW·h），基本满足设计指标。

第 5 章　船用低速柴油机燃烧特性影响因素的分析

本章主要阐述了米勒循环强弱、喷油正时、喷射方向对柴油机缸内燃烧特性的影响，获取相应参数对柴油机性能的影响规律，为船用柴油机的开发提供技术支撑。

5.1　米勒循环强弱对船用低速柴油机性能的影响

作为降低氮氧化物排放的关键技术，米勒循环通过降低缸内的燃烧温度来实现减排，对于船用低速二冲程柴油机而言，应用米勒循环减排主要是通过排气阀晚关来完成的，由于排气阀晚关导致的缸内新鲜空气捕捉量减少，Miller 和 Lieberhern 提出通过提高进气压力来补偿米勒循环工作过程造成的进气充量不足。本节通过对比原机（已采用米勒循环命名为 case3），排气阀提前 20 ℃A（case1）、10 ℃A（case2）关闭，推后 20 ℃A（case4）关闭四种状况对柴油机的相关性能参数的影响，得到米勒循环强弱对柴油机性能的影响规律，为合理利用米勒循环降低排放提供参考。仿真分析所用的相关喷雾、燃烧模型同第 4 章。四个不同的排气阀升程如图 5. 1 所示。

为保障缸内的新鲜空气捕捉量基本不变，需改变增压器的压比，增压器的匹配工作由一维系统仿真软件 GT – Power 来完成，匹配合理后得到对应的三维计算的初始边界条件如表 5. 1 所示。

三维分析得到的不同米勒循环强度缸内空燃比如图 5. 2 所示，可见不同米勒循环强弱计算所得的空燃比基本相等，这是由于进、出口初始

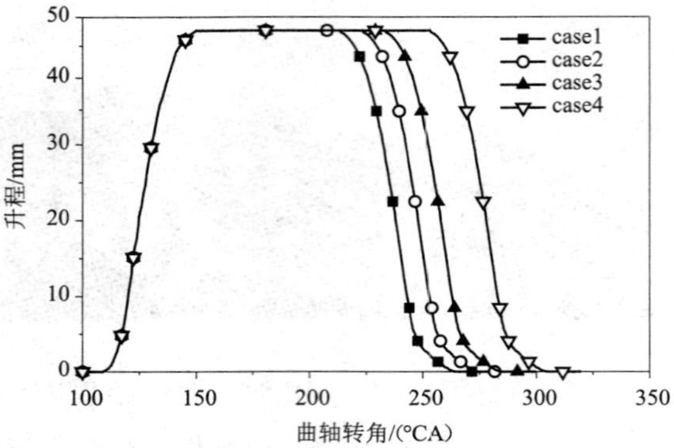

图 5.1　不同的排气阀升程

表 5.1　计算所用的初始边界条件

110 ℃A	case1		case2		case3		case4	
	初始	边界	初始	边界	初始	边界	初始	边界
扫气压力/bar	3. 88	3. 85	4. 1	4. 06	4. 52	4. 46	6. 73	6. 68
扫气温度/K	314. 4	314	314. 5	314	316	314	316	315
排气压力/bar	3. 30	3. 375	3. 56	3. 62	3. 98	4. 06	6. 3	6. 455
排气温度/K	396. 4	701. 72	401. 5	699	407	700	445. 7	742
缸内压力/bar	11. 50		11. 49		11. 36		11. 45	
缸内温度/K	1 084. 3		1 077		1 097. 7		1 058	
气缸盖温度/K	823							
气缸壁温度/K	（沿活塞膨胀方向前六分之一）623，（再三分之一）548，（剩下）498							
活塞顶温度/K	773							

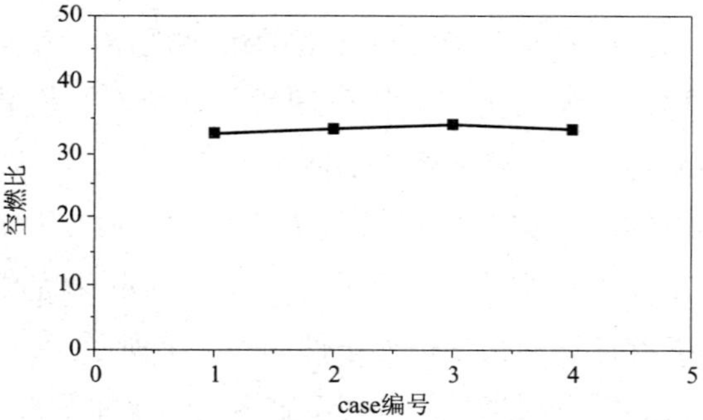

图 5.2　不同米勒循环强度对应的缸内空燃比

边界状态参数的调整弥补了因排气阀关闭时刻而致的缸内有效压缩容积的变化，进而验证了一维计算的初始边界条件的合理性。

5.1.1 米勒循环强弱对缸内压力的影响

不同米勒循环强度对应的缸内压力曲线如图 5.3 所示，可知，压缩压力和爆发压力随着排气阀的晚关而略有升高，case4 排气阀关闭时间最晚（比原机模型晚关 20 ℃A），压缩压力和爆发压力均稍高。这是由于压缩压力与爆发压力受制于缸内实际进气量、缸温变化等的综合影响。

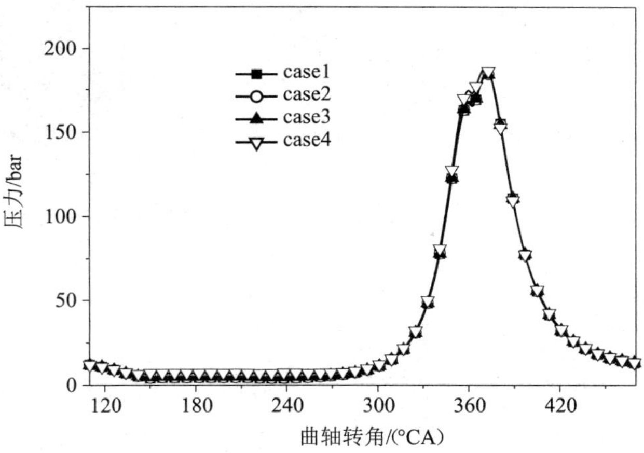

图 5.3 不同米勒循环强度对应的缸内压力曲线

5.1.2 米勒循环强弱对缸内温度的影响

不同米勒循环强度，喷油器喷孔所在横截面（$z=27$ mm）处在不同的曲轴转角下对应的缸内温度分布分别如图 5.4 ~ 图 5.7 所示。

从图 5.4 ~ 图 5.7 中可以看到，缸内高温燃气顺着缸内气流逆时针旋转，燃气温度随着燃烧的进行不断变化，因燃烧过程是局部着火之后随缸内气流扩散的，因此缸内首先局部高温，随着燃烧的扩散和气流的运动，高温区域越来越大，气团内的温度趋于均匀；而活塞的下行，增加了燃气的扩散空间，缸内气流温度逐渐降低。

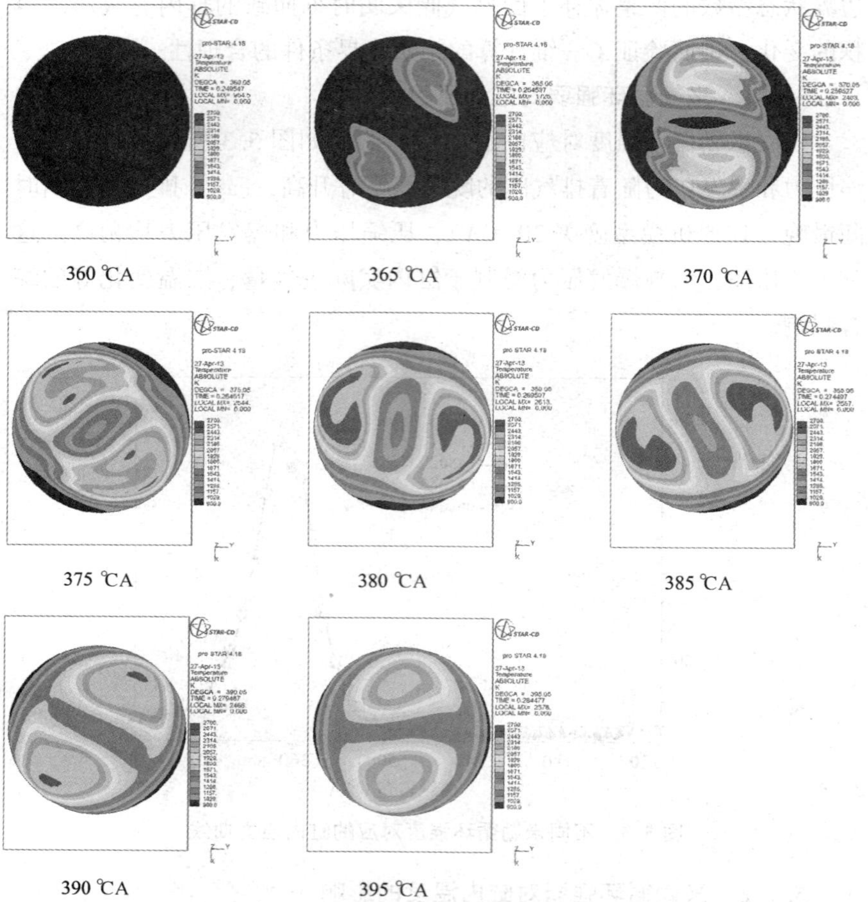

图 5.4　case1 中米勒循环强度对应曲轴转角下的缸内温度分布

缸内高温燃气的这一变化过程，是由缸内涡流和燃油喷射所形成的雾束射流共同作用的结果，喷入缸内的液滴经历蒸发吸热的物理过程形成可燃油气，可燃油气在缸内高温高压的环境下与缸内气体混合，一旦缸内环境条件满足燃烧反应的要求，可燃混合气即被点燃，油气前锋的混合气率先燃烧，此即导致高温燃气的出现。从同一曲轴转角下的温度分布图来看，随着排气阀的晚关，高温气团的分布范围及局部高

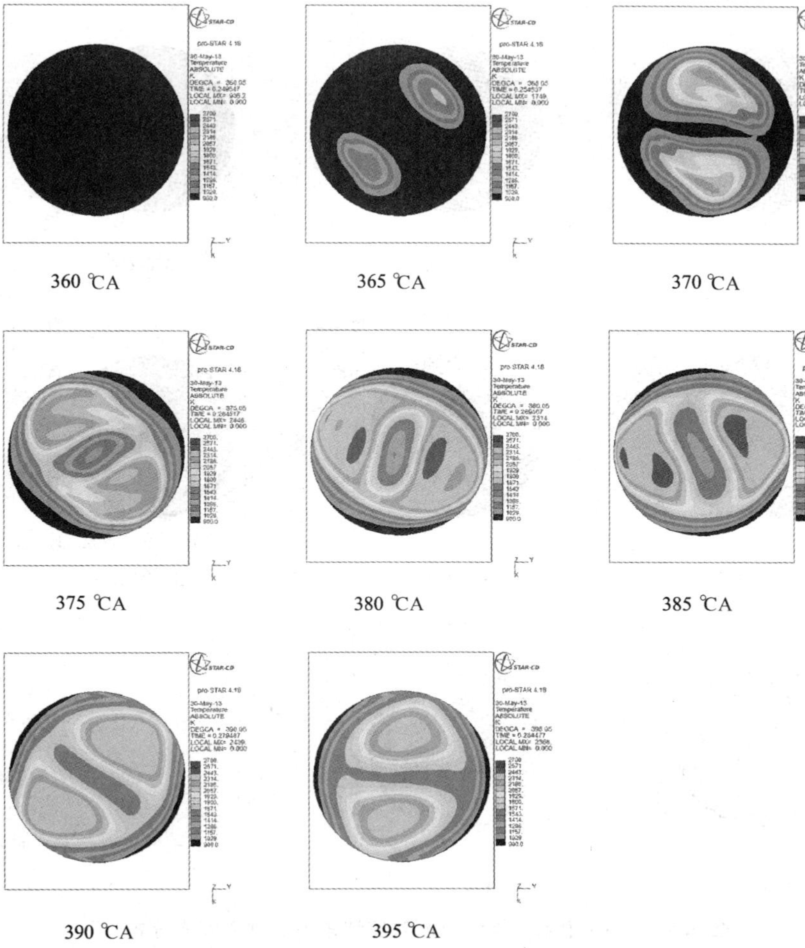

图 5.5　case2 中米勒循环强度对应曲轴转角下的缸内温度分布

温区域减小。排气阀晚关降低了缸内的有效压缩容积，有效压缩时刻的推迟，使开始压缩时的气体温度低于同一时刻已经压缩了的气体温度，相当于这部分压缩工作在中冷器里完成了，致使燃油燃烧反应的临界条件延时，影响燃烧始点，因此其高温气团范围小。图 5.8 所示为相应的缸内温度曲线。

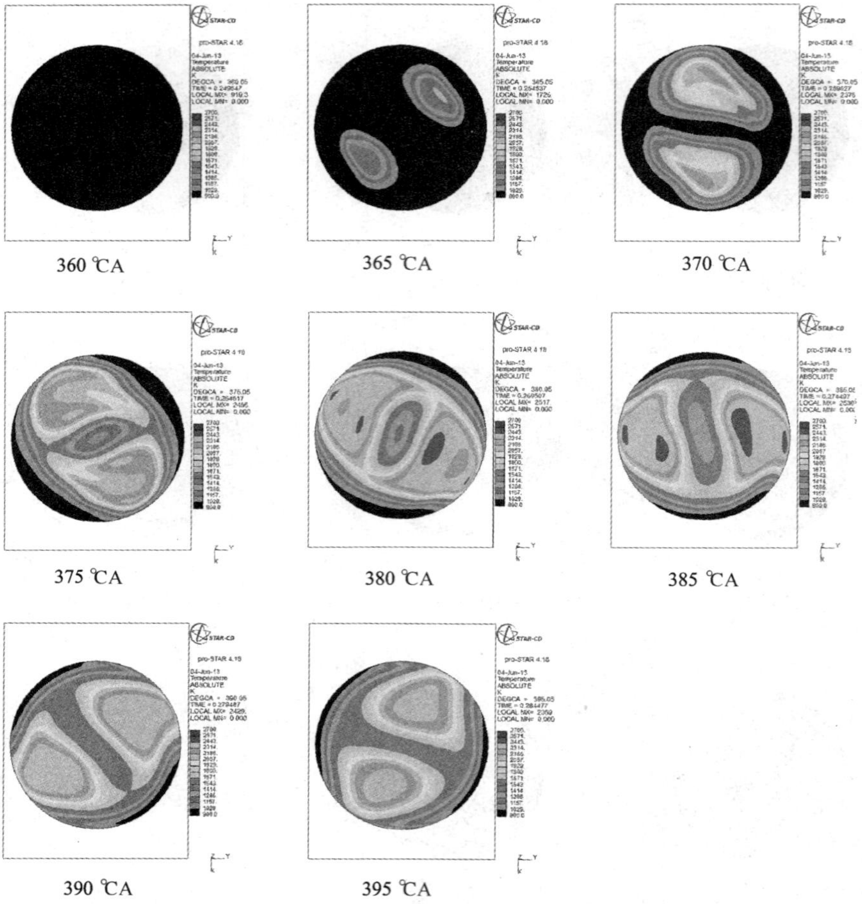

图 5.6　case3 中米勒循环强度对应转角下的缸内温度分布

由缸内温度曲线图可知，case4 的缸内峰值温度最低，较 case3 的温度减小约 5.4%；case1 的峰值温度最高，高于 case3 约 3.6%；case2 的温度居于 case1 与 case3 之间，较 case3 高约 1.9%。可见：米勒循环的增强降低了缸内的温度。因 NO_x 产生的条件是“高温富氧”，米勒循环的增强在对空燃比没有明显影响的前提下降低了缸内的温度，必然导致 NO_x 排放的减少。

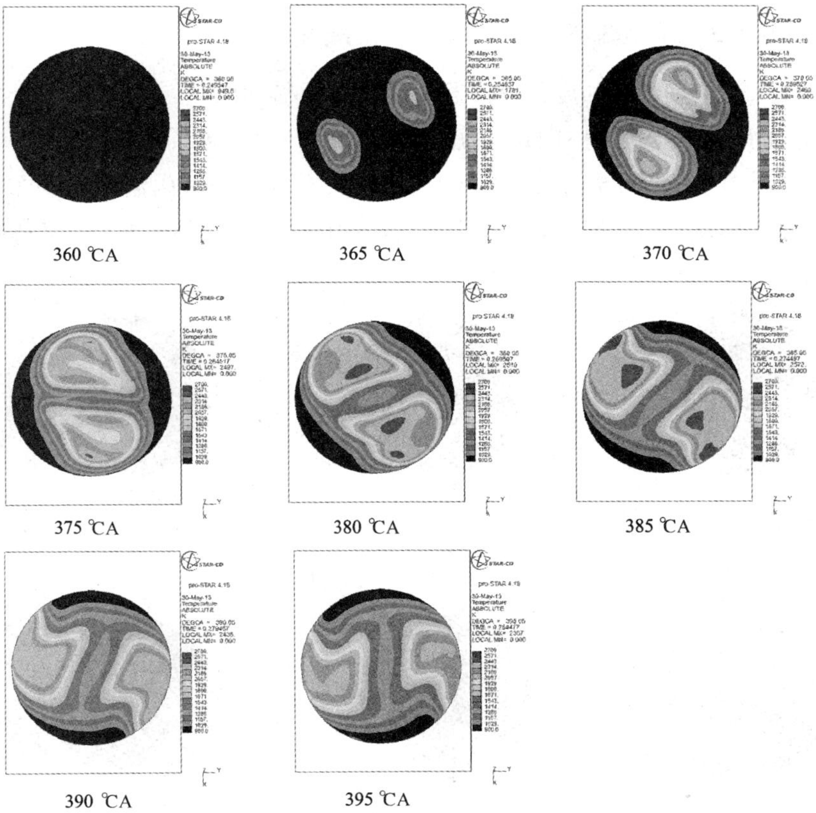

图 5.7　case4 中米勒循环强度对应转角下的缸内温度分布

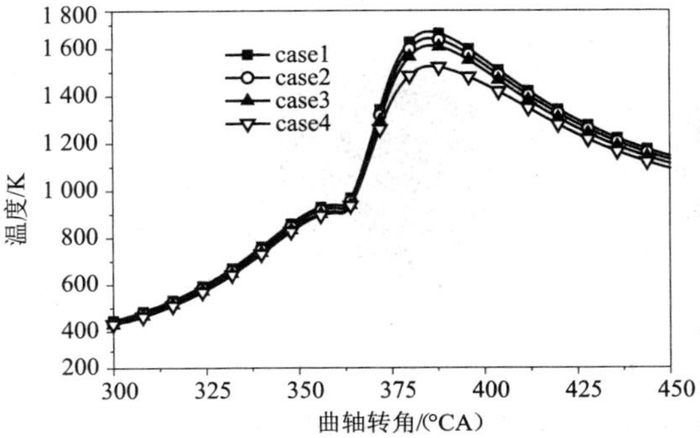

图 5.8　缸内温度曲线

5.1.3 米勒循环强弱对缸内放热的影响

不同米勒循环强度，喷油器喷孔所在的横截面（$z=27$ mm）处在不同的曲轴转角下对应的缸内燃油分布如图 5.9 ~ 图 5.12 所示。

由图 5.9 ~ 图 5.12 可知，缸内燃油分布规律与缸内温度的分布一致，这是因为高温区域是由油气的燃烧引起的，在总体空燃比保持不

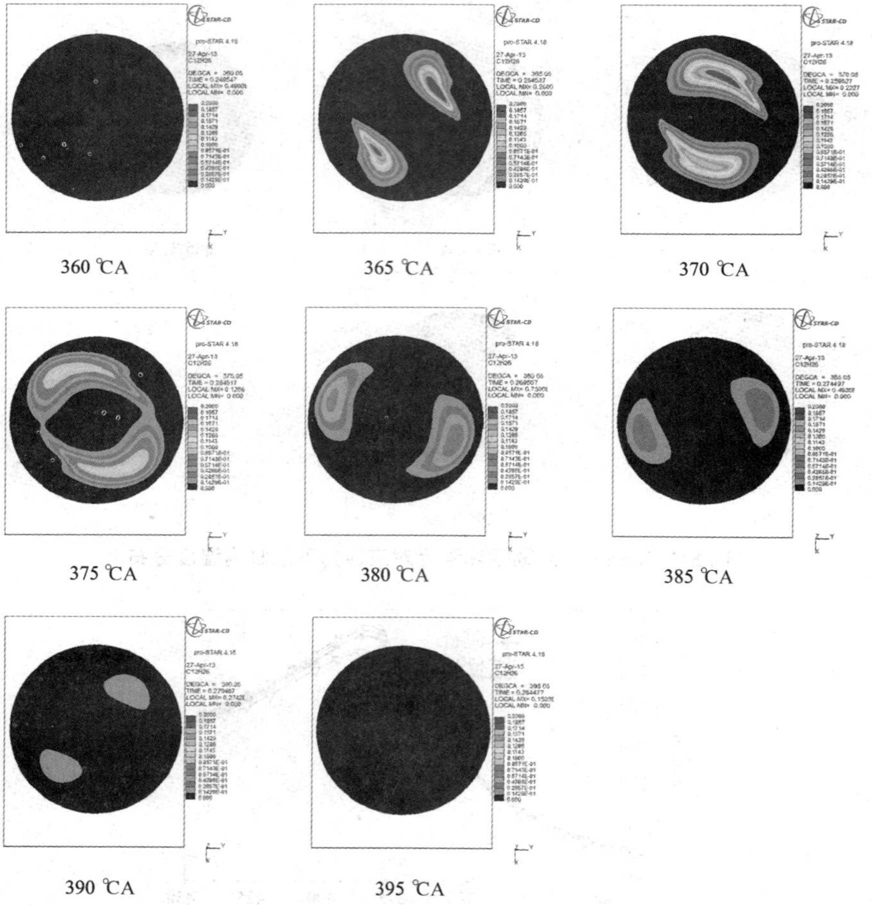

图 5.9　case1 中米勒循环强度对应转角下的缸内燃油分布

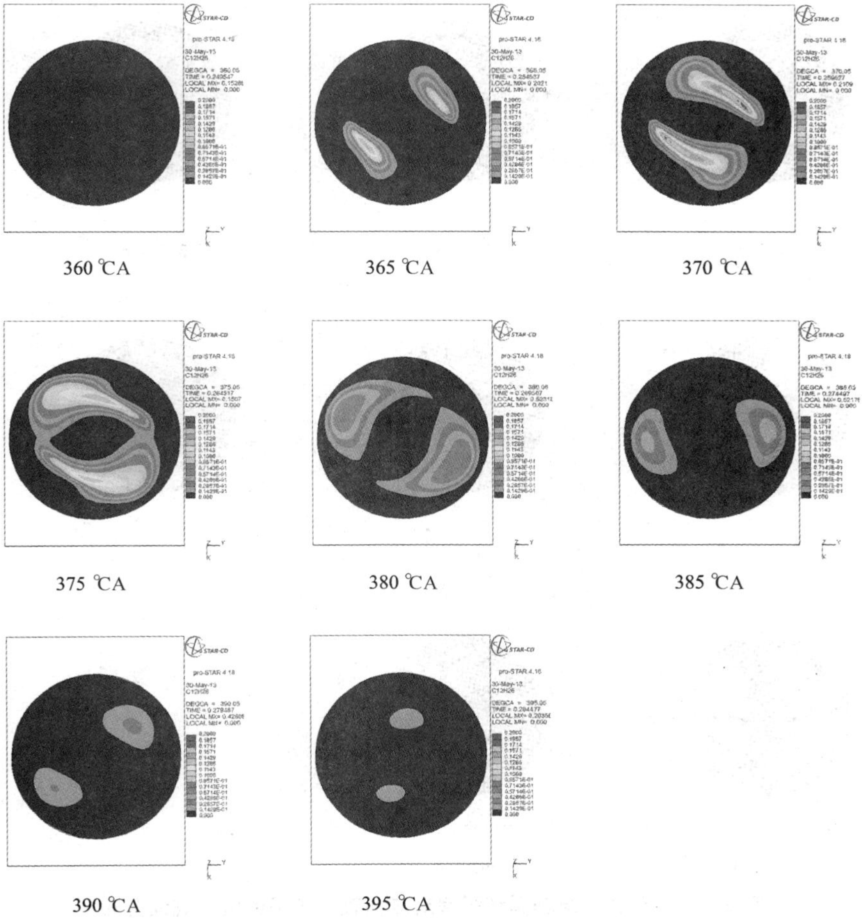

图 5.10　case2 中米勒循环强度对应转角下的缸内燃油分布

变的宏观前提下，油的分布及浓度多，燃烧就充分；随着米勒循环的增强，缸内温度降低，缸内燃油蒸发受到温度降低的影响，燃烧滞后，因此燃烧后期（375 ℃A 以后），case1 的燃油分布范围明显小于其他 case；而燃烧前期由于燃油不断从喷油器供给，喷油规律是影响缸内燃油分布的主因。

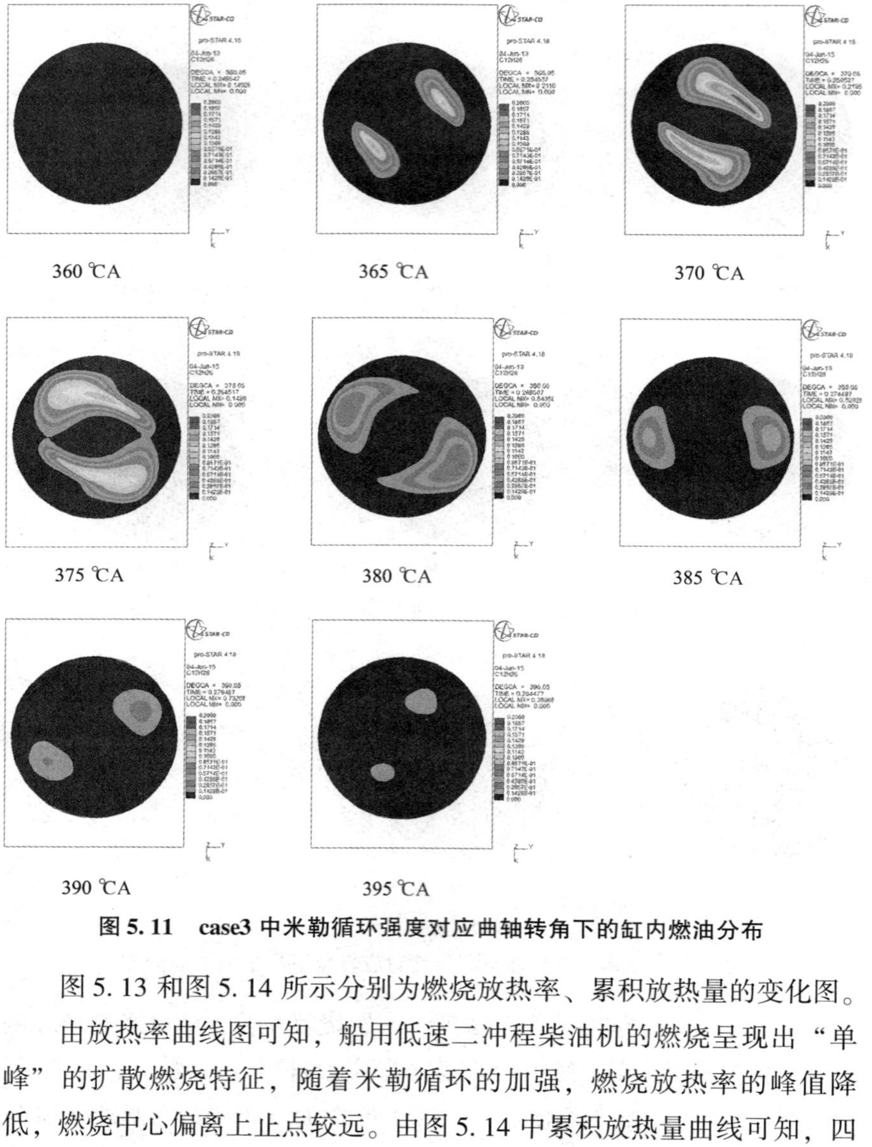

图 5.11　case3 中米勒循环强度对应曲轴转角下的缸内燃油分布

图 5.13 和图 5.14 所示分别为燃烧放热率、累积放热量的变化图。

由放热率曲线图可知，船用低速二冲程柴油机的燃烧呈现出“单峰”的扩散燃烧特征，随着米勒循环的加强，燃烧放热率的峰值降低，燃烧中心偏离上止点较远。由图 5.14 中累积放热量曲线可知，四个 case 的燃烧持续均约为 50 ℃A，四个 case 的累积放热量最大值相等，case4 到达累积放热量最大值所用的时间相对较长。

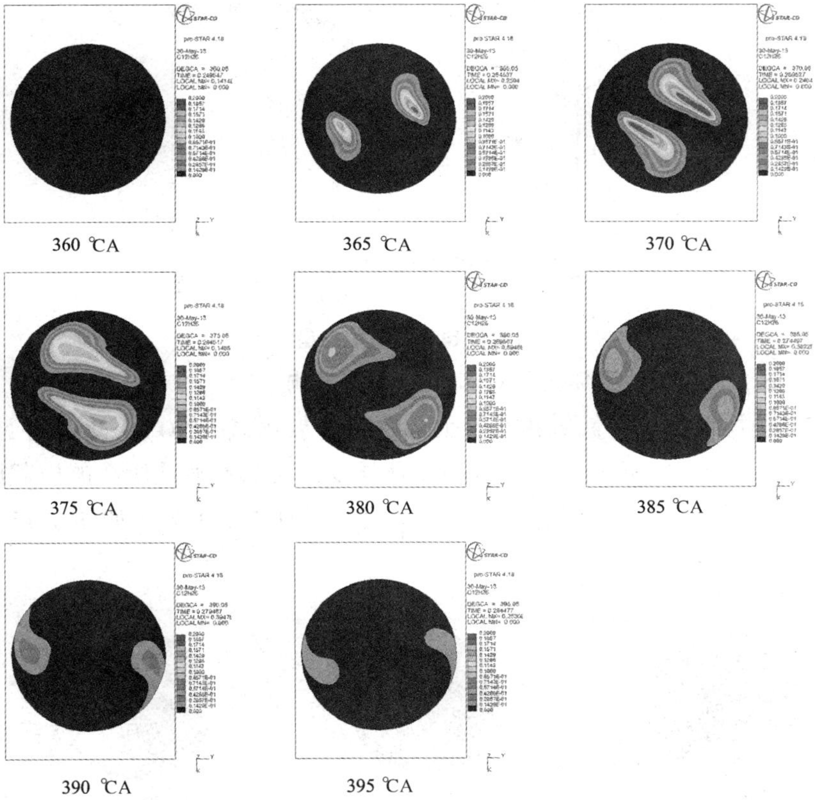

图 5.12　case4 中米勒循环强度对应曲轴转角下的缸内燃油分布

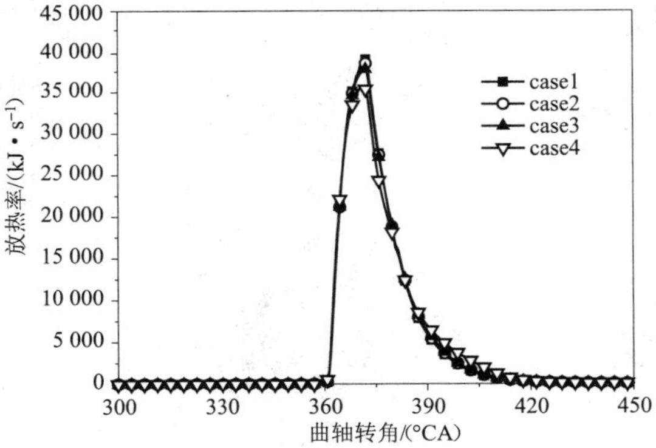

图 5.13　燃烧放热率

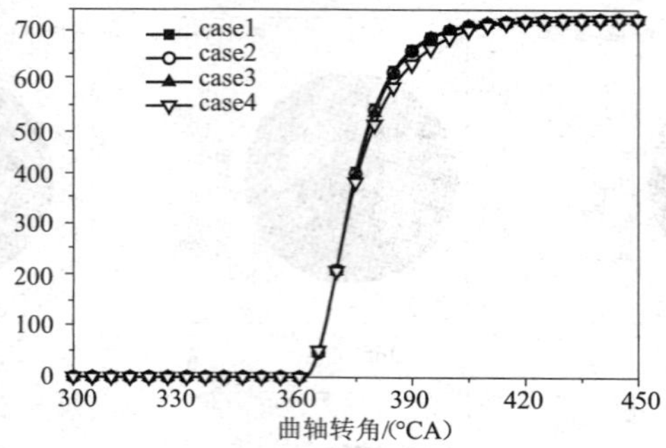

图 5.14　累积放热量

5.1.4　米勒循环强弱对 NO_x 排放的影响

内燃机排放的氮氧化物绝大部分是一氧化氮（NO），此处用 NO 来表示 NO_x 的生成量。不同米勒循环强度，喷油器喷孔所在的横截面（$z=27$ mm）处在不同的曲轴转角下对应的缸内 NO_x 分布如图 5.15 ~ 图 5.18 所示。

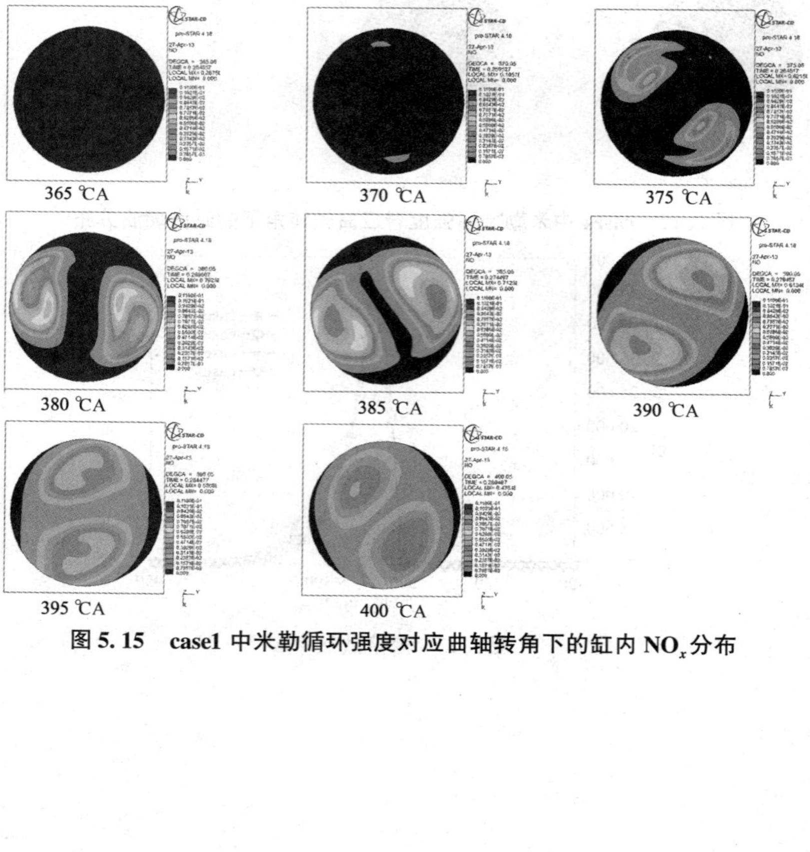

图 5.15　case1 中米勒循环强度对应曲轴转角下的缸内 NO_x 分布

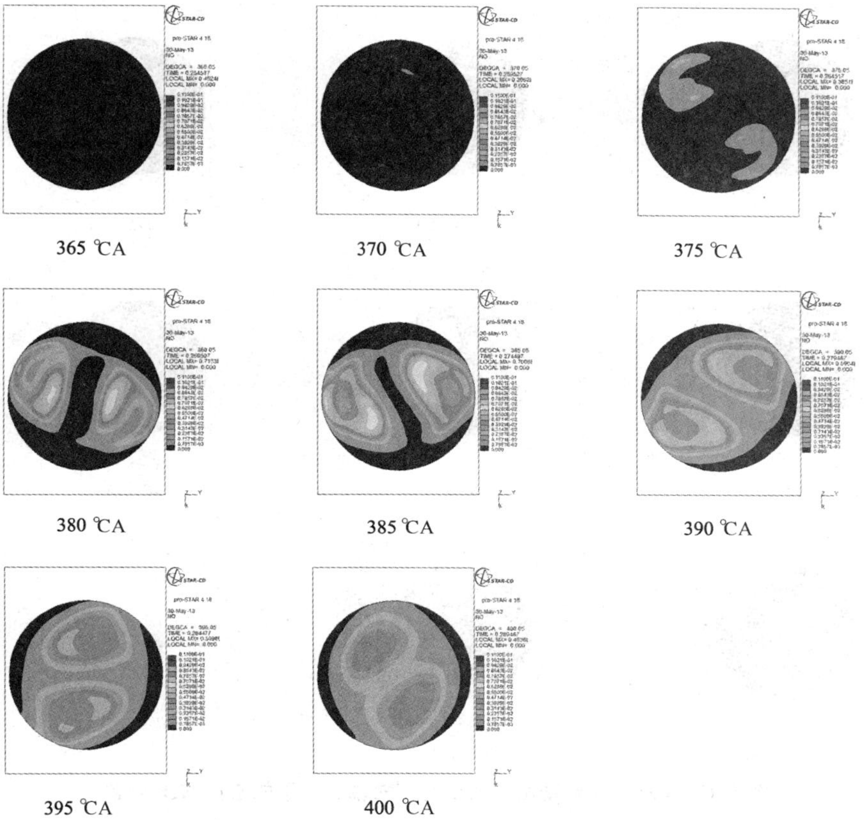

图 5.16　case2 中米勒循环强度对应曲轴转角下的缸内 NO_x 分布

由图 5.15～图 5.18 可知，缸内 NO_x 的分布滞后于温度的分布，370 ℃A 才出现 NO_x，370 ℃A 时，case4 的 NO_x 分布相对较多，这是由于 370 ℃A 时，case4 对应的局部高温区域相对较大且集中；随着燃烧的继续进行，不同米勒循环强度的 case 对应的 NO_x 逐渐增加，而从燃烧后期的 NO_x 分布来看，400 ℃A 时，NO_x 的分布范围随着米勒循环强度的增加而减少，缸内 NO_x 生成历程曲线如图 5.19 所示。

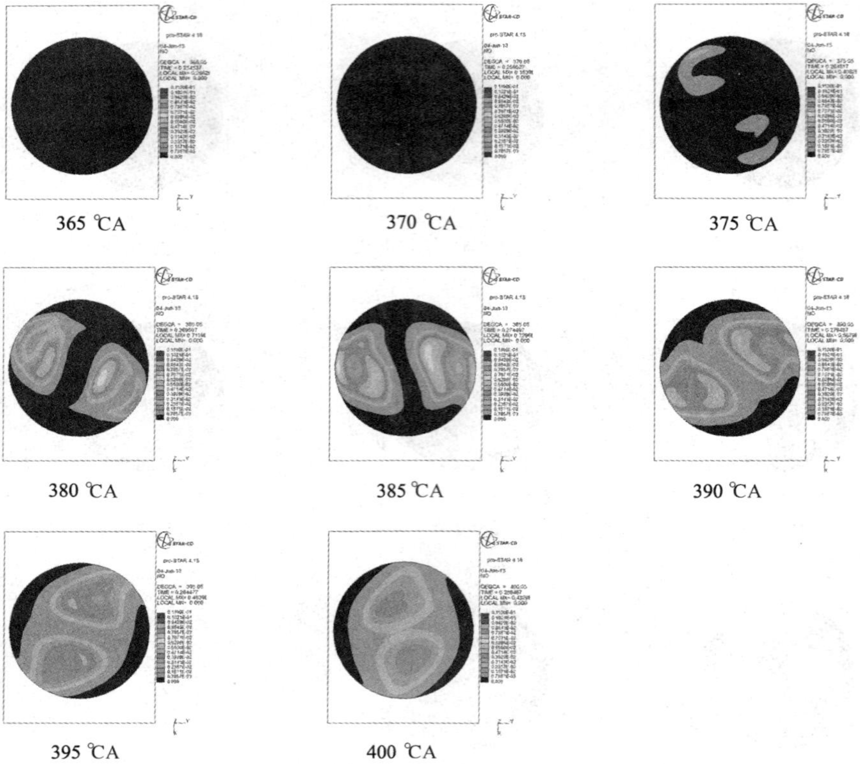

图 5.17　case3 中米勒循环强度对应曲轴转角下的缸内 NO_x 分布

由 NO_x 生成历程曲线可知，NO_x 的生成量随着米勒循环的增强而降低，加强米勒循环 case4 的 NO_x 生成量比 case3 减少约 13.2%；减弱米勒循环 case1 的 NO_x 生成量比 case3 增加约 14.5%，case2 的 NO_x 生成量比 case3 增加约 7.4%。这是因为随着米勒循环的增强缸内平均温度降低，促进 NO_x 生成的条件受到抑制。因此对于船用低速二冲程柴油机而言，米勒循环能显著降低 NO_x 的排放，排气阀每晚关 10 ℃A，NO_x 的生成量降低 6% ~7%。这与李翔等人对米勒循环强弱研究的排放变化趋势一致。

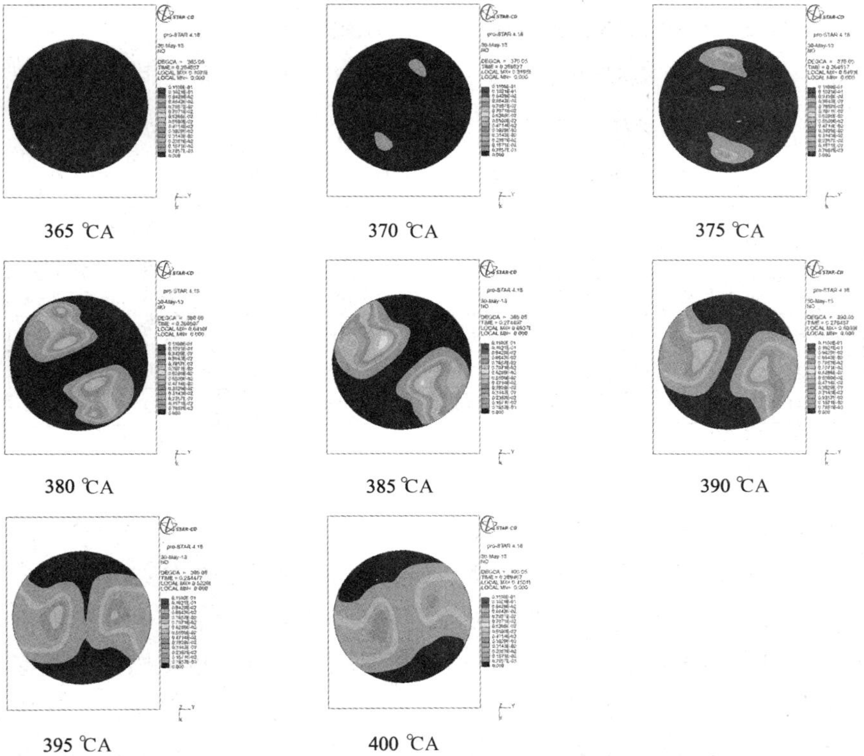

图 5.18　case4 中米勒循环强度对应曲轴转角下的缸内 NO_x 分布

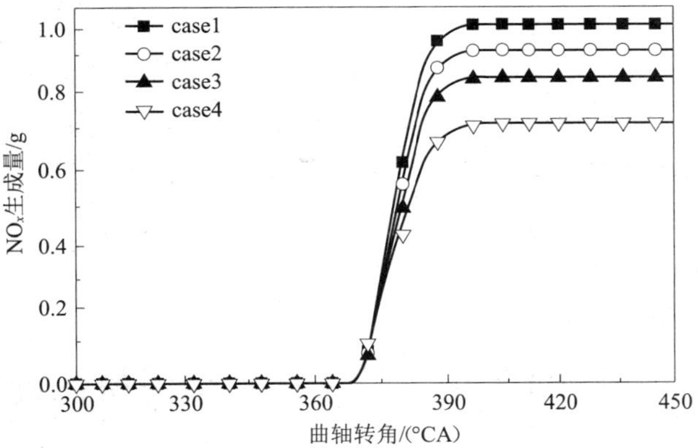

图 5.19　不同米勒循环强度的 case 对应的缸内 NO_x 生成历程曲线

5.1.5 米勒循环强弱对综合性能的影响

米勒循环强弱对船用低速二冲程柴油机的综合性能的影响如表 5.2 所示。

表 5.2 米勒循环强弱对综合性能的影响

项目	功率/kW	IMEP/kPa	指示燃油消耗率/ ($g \cdot kW^{-1} \cdot h^{-1}$)	NO_x 比排放/ ($g \cdot kW^{-1} \cdot h^{-1}$)
case1	957.382 674 0	2 307.404 721	159.083 722 9	10.382 306 120
case2	956.917 794 1	2 306.284 305	159.161 007 3	9.738 140 578
case3	954.526 585 2	2 300.521 211	159.559 725 6	9.090 705 418
case4	910.482 689 7	2 194.370 249	167.278 303 8	8.275 873 979

由表 5.2 可知，在单缸每循环喷油量保持不变的前提下，随着米勒循环的加强，柴油机的指示功率呈现下降的趋势，原机（case3）的功率与弱化米勒循环（case1）所得的功率相差不大，差值约为 0.3%，而继续加强米勒循环（case4）导致指示功率急速下降，不利于柴油机做功；从指示燃油消耗上来看，原机与弱化米勒循环指示燃油消耗率几乎相等，而继续加强米勒循环后，指示燃油消耗率明显增大；从比排放上可知，原机的比排放比弱化米勒循环降低约 14.2%，比加强型米勒循环高约 9%。综上所述，米勒循环可以显著地改善 NO_x 的排放，但是当米勒循环强度进行到一定程度时，继续加强米勒循环虽然可以降低 NO_x 的排放，却导致指示功率的严重恶化和燃油消耗的急剧增加，且需要相对较高的增压器出口压力，增加配机成本。因此对于船用低速二冲程柴油机存在一个最佳的米勒气阀关闭时刻，使柴油机的 NO_x 排放显著降低的同时对功率和油耗又没有较大的影响。基于上述分析可知，原机的米勒循环是比较合理的。

5.2 喷油正时对船用低速二冲程柴油机性能的影响

在柴油机的诸多参数中，喷油正时对柴油机油气混合和燃烧品质有较大的影响，由于改变喷油正时易于实现，因此关于其对柴油机经济性、动力性和排放性的影响已经有了较多的研究。本节针对船用低速二冲程柴油机，研究在额定工况下，不同喷油正时对柴油机性能的影响，得到喷油正时对柴油机性能的影响规律，为柴油机喷油正时控制策略的合理选择提供依据。

以3 ℃A BTDC（Before Top Dead Center，上止点前）的正时为基础，分别研究喷油正时为4 ℃A BTDC和2 ℃A BTDC时柴油机的缸内燃烧性能指标，所使用的初始边界条件及喷油规律等在前文中已有介绍。

5.2.1　喷油正时对缸内压力的影响

不同喷油正时缸内压力曲线的对比如图5.20所示。

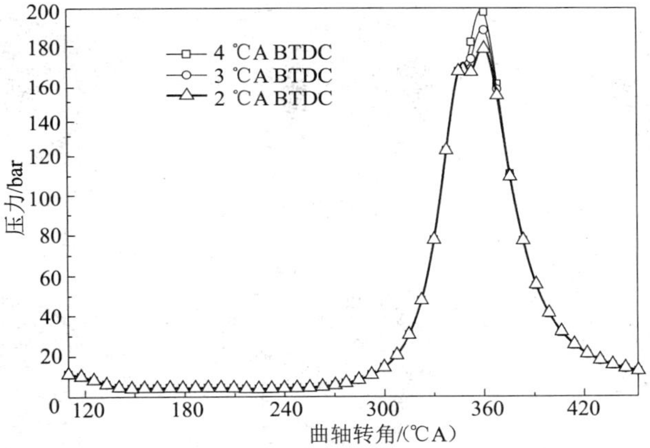

图5.20　不同喷油正时缸内压力曲线的对比

由图5.20可知，三个不同喷油正时的压缩压力相等，均为167.4 bar，TDC；爆发压力为4 ℃A BTDC时最大，为193.8 bar，11.5 ℃A ATDC；3 ℃A BTDC时居中，为183.9 bar，12 ℃A ATDC；2 ℃A BTDC时最小，为174.4 bar，12.6 ℃A ATDC。这是由于喷油正时提前，燃料燃烧滞燃期延长，在滞燃期内有更多的燃料参与燃烧室内的油气混合，因此其燃烧放热快，缸内压力升高相应加快；喷油正时的提前虽然使缸内燃烧更加充分，提高了燃烧效率，但是过大的压升率使柴油机工作粗暴，对柴油机的机械负荷及热负荷带来不利的影响。由计算结果和分析可知：对于船用低速二冲程柴油机，喷油正时的改变对压缩压力影响不大，而爆发压力却随着喷油正时的提前而升高。喷油正时提前过多，柴油机工作粗暴，有损结构部件的使用寿命，不利于柴油机的合理利用。

5.2.2　喷油正时对缸内温度的影响

不同喷油正时，喷油器喷孔所在的横截面（垂直于气缸轴线，z = 27 mm）处在不同曲轴转角下的缸内温度分布如图 5.21 ~ 图 5.23 所示。

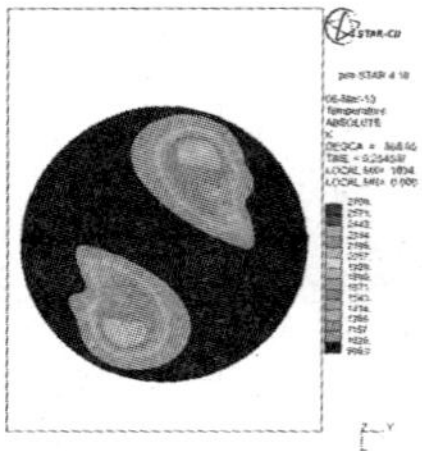

365 ℃A

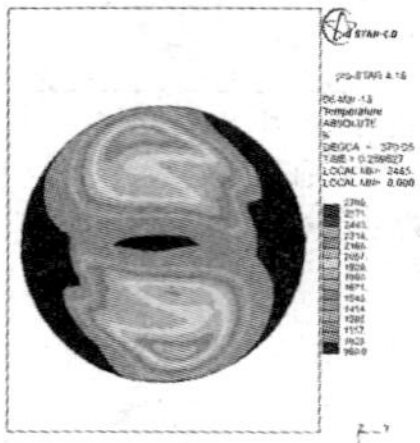

370 ℃A

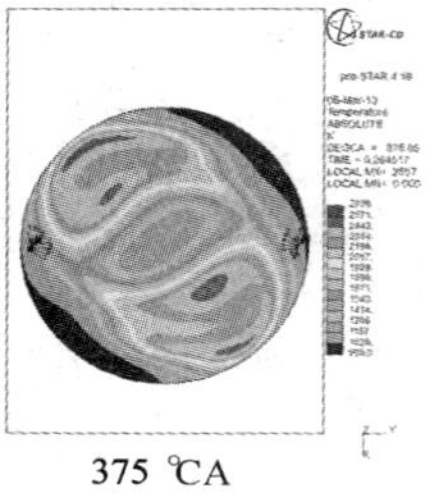

375 ℃A

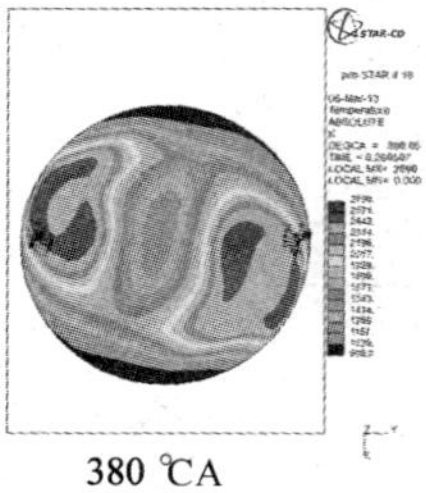

380 ℃A

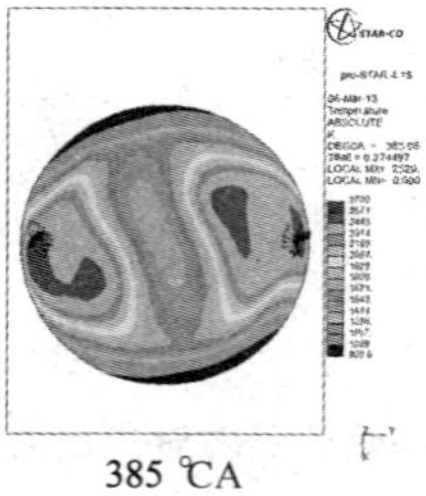

385 ℃A

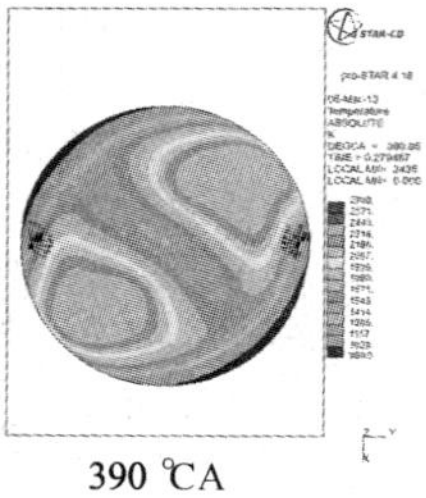

390 ℃A

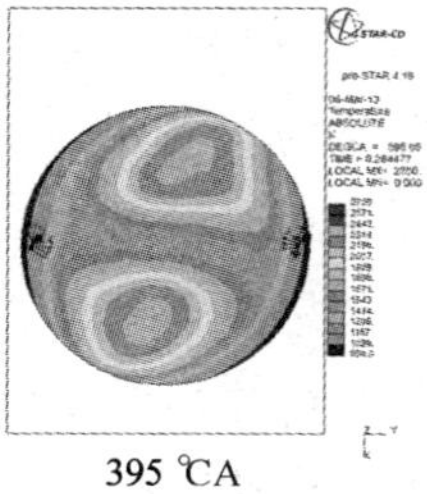

395 ℃A

图 5.21　喷油正时为 4 ℃A BTDC 时对应曲轴转角下的缸内温度分布

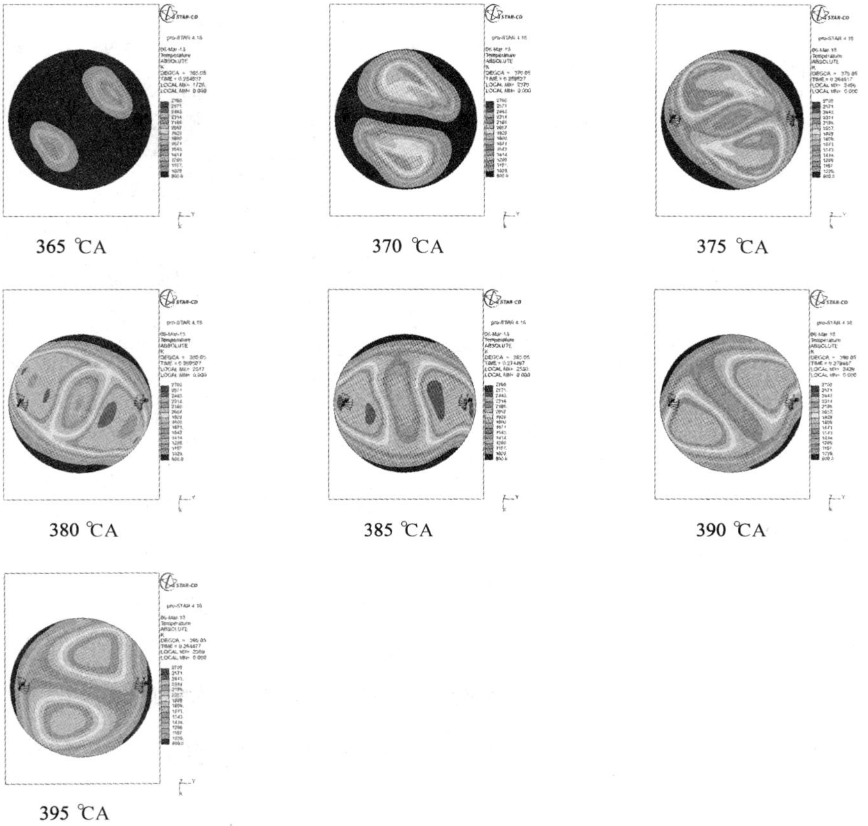

图 5.22　喷油正时为 3 ℃A BTDC 时对应转角下的缸内温度分布

从图 5.21 ~ 图 5.23 可知，不同喷油正时缸内温度分布随曲轴转角变化的规律：图中颜色较浓区域的“高温气团”顺着喷射方向随缸内气流逆时针旋转，气团温度随燃烧的进行不断变化，首先局部升高，然后扩散，最终在气团内部趋于均匀，随着膨胀行程的进行，温度逐渐降低。从同一转角不同正时的温度分布可以看到：385 ℃A 前，4 ℃A BTDC 喷油时的高温气团分布范围最大，这是由其燃油喷入缸内早，前期参与燃烧的燃油较多，燃烧充分所致，基于同样的原因，2 ℃A BTDC 喷油时的高温气团分布范围最小。

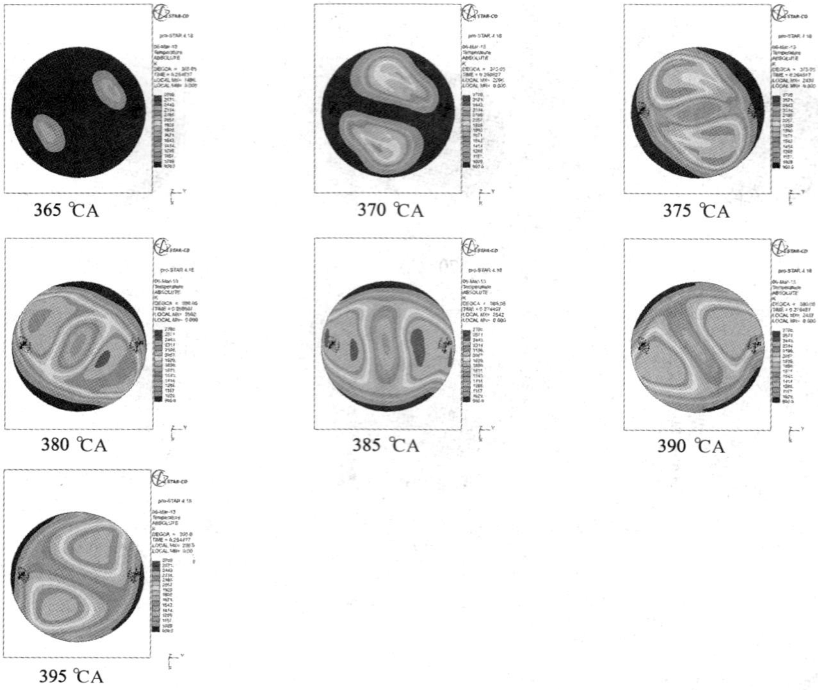

图 5. 23　喷油正时为 2 ℃A BTDC 时对应转角下的缸内温度分布

图 5. 24 和图 5. 25 所示分别为不同喷油正时对应的缸内温度曲线和放热率曲线。

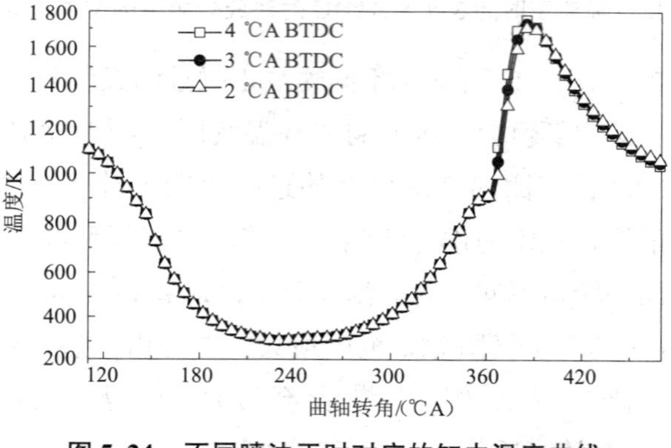

图 5. 24　不同喷油正时对应的缸内温度曲线

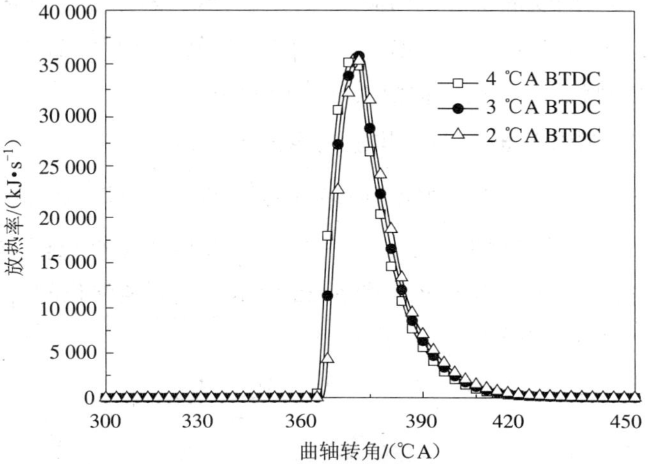

图 5.25　不同喷射正时对应的放热率曲线

从图 5.24 可知，4 ℃A BTDC 喷油时缸内的峰值温度最高，3 ℃A BTDC 喷油时缸内温度居中，2 ℃A BTDC 喷油时缸内的峰值温度最低。这是由于4 ℃A BTDC 喷油时，燃油在缸内出现的时刻早，虽然压缩行程中，缸内温度和压力随活塞的继续压缩而升高，提前喷油在某种程度上延长了滞燃期，但对于上止点附近的喷油来说其对滞燃期的影响非常有限，因此当其油气混合满足燃烧条件后立刻燃烧，从放热率曲线中可以看到在 4 ℃A BTDC 喷油时，放热的起始时刻是 -0.6 ℃A BTDC，而在 3 ℃A BTDC 喷油时，开始放热的时刻是 0.3 ℃A ATDC。在 2 ℃A BTDC 喷油时，开始放热的时刻为 1.1 ℃A ATDC，这与之前的分析一致。在放热率曲线上还可看到在 4 ℃A BTDC 喷油时的放热率峰值高于 3 ℃A BTDC 和 2 ℃A BTDC，此外在放热率峰值出现之前，4 ℃A BTDC 喷油时的放热率一直高于 3 ℃A BTDC 和 2 ℃A BTDC，放热率峰值过后，4 ℃A BTDC 喷油时的放热率下降较快。由此可知：燃烧中心随喷油正时的提前而前移。4 ℃A BTDC 喷油因其燃料“放热早”“放热快”，所以峰值温度高。

通过对不同喷油正时缸内温度的分析可知：对于船用低速柴油机，随着喷油正时的提前，“高温气团”的分布范围变广，缸内燃烧“放热早”“放热快”，缸内峰值温度随之而升高。

5.2.3　喷油正时对 NO_x 排放的影响

在内燃机排放的 NO_x 中占到多数的是 NO。这里以 NO 的生成量来代替 NO_x 的量。不同曲轴转角下 NO_x 在喷油器喷孔所在横截面（$z=27$ mm）处的分布如图 5.26 ~ 图 5.28 所示，不同喷油正时对应的 NO_x 生成历程对比图如图 5.29 所示。

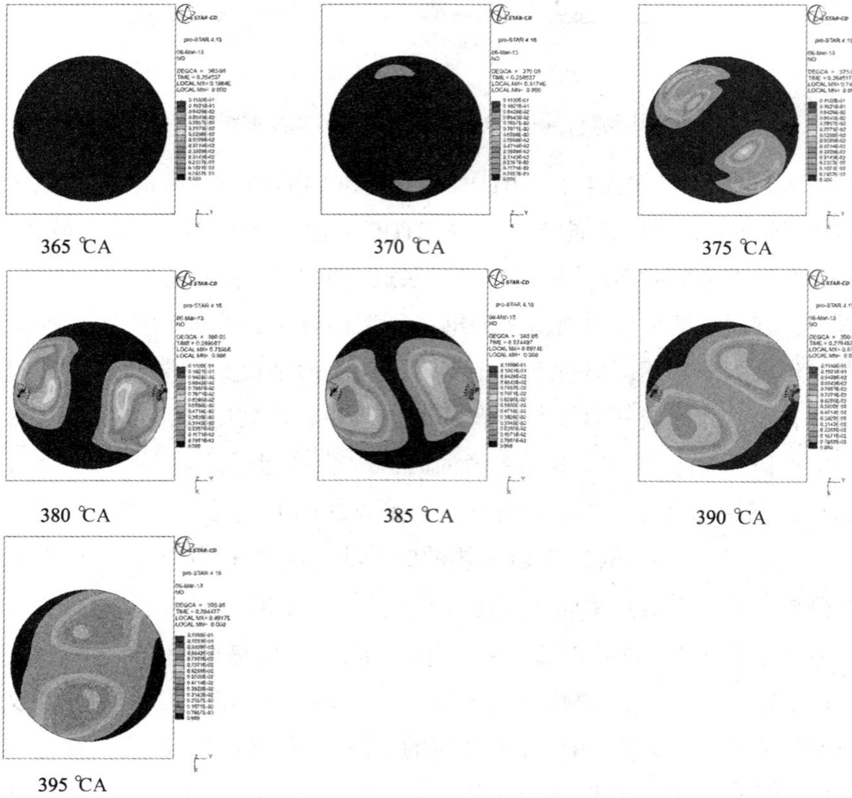

图 5.26　喷油正时为 4 ℃A BTDC 对应曲轴转角下缸内 NO_x 的分布

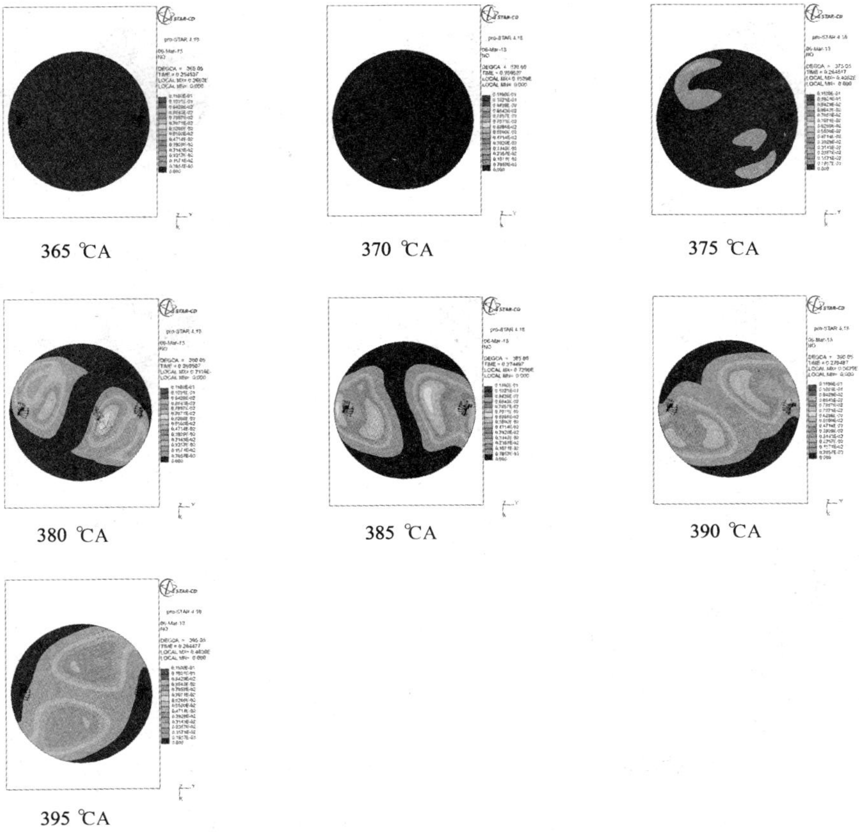

图 5.27　喷油正时为 3 ℃A BTDC 对应曲轴转角下缸内 NO_x 的分布

由不同曲轴转角下缸内 NO_x 分布图可知，不同喷油正时 NO_x 随曲轴转角的变化趋势与“高温气团”的变化趋势一致；通过对比图 5.29，可知 NO_x 生成的位置与“高温气团”的位置相同，这说明，高温是 NO_x 产生的条件之一。对比同一转角不同喷油正时的 NO_x 分布可知，4 ℃A BTDC 喷油时，NO_x 生成得最早，且分布范围明显多于喷油正时 3 ℃A BTDC 和 2 ℃A BTDC 的 NO_x 的分布。由图 5.29 中的 NO_x 生成历程可知，在 4 ℃A BTDC 喷油时，NO_x “生成早”“生成量多”，

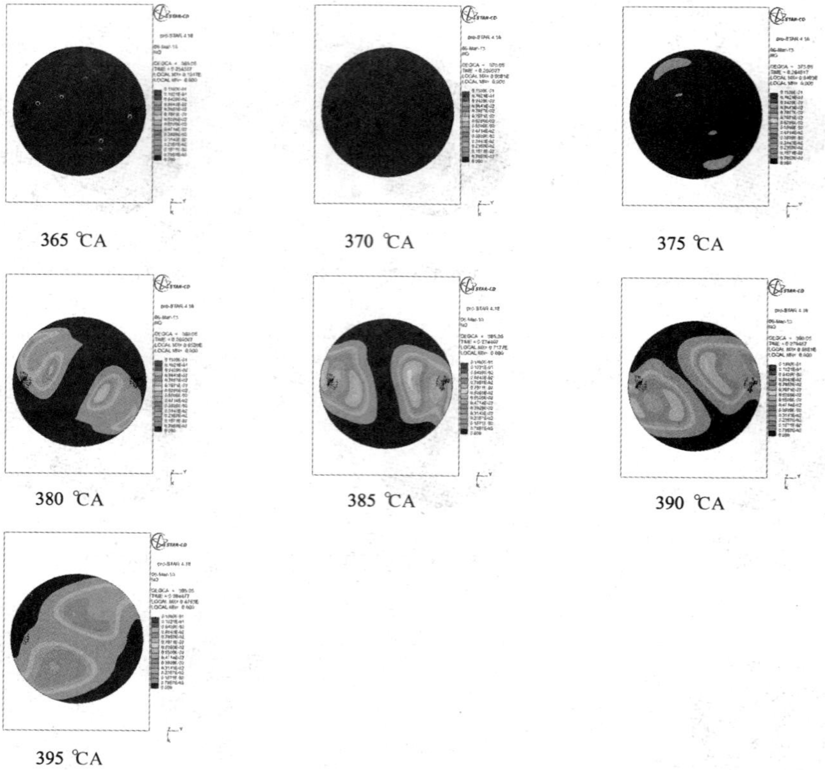

图 5.28　喷油正时为 2 ℃A BTDC 对应曲轴转角下缸内 NO_x 的分布

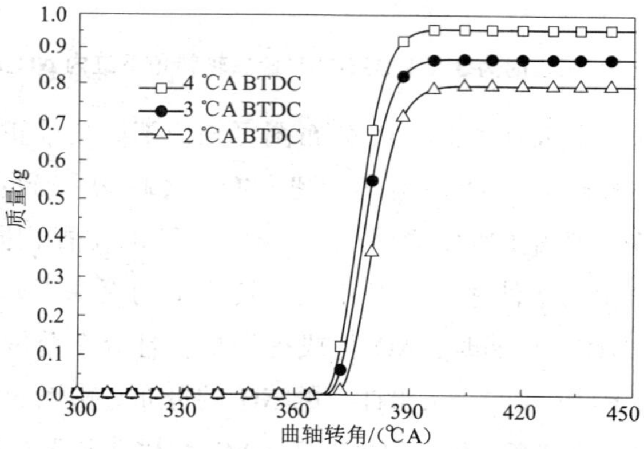

图 5.29　不同喷油正时对应的 NO_x 生成历程对比图

约为0.943 g；在3 ℃A BTDC 喷油时，NO_x的生成量约为0.866 g；在2 ℃A BTDC 喷油时，NO_x的生成量约为0.796 g。喷油提前角推迟2 ℃A，NO_x的生成量约降低15.6%。这表明，对于船用低速二冲程柴油机，推迟喷油正时可使NO_x的排放量显著减少，有利于排放物的控制，以便应对更严苛的柴油机排放标准。

5.2.4　喷油正时对综合性能的影响

功率、油耗、排放是评定柴油机工作性能的三大指标。不同喷油正时对指示功率、指示油耗、NO_x比排放的影响如图5.30所示。

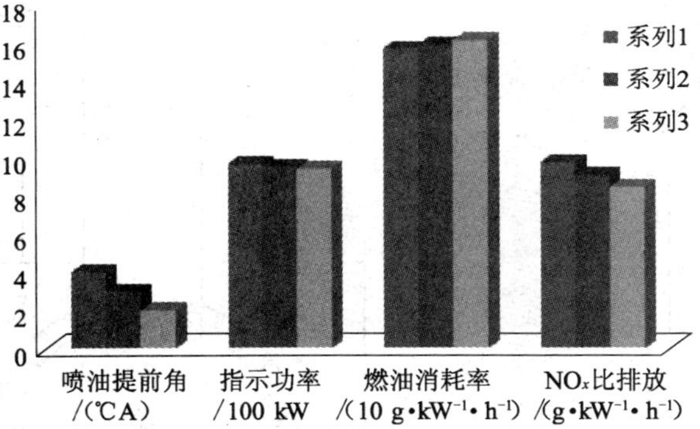

图5.30　喷油正时对指示功率、指示油耗和NO_x比排放量的影响

由图5.30可知，指示功率和NO_x比排放随着喷油正时的推迟而降低，燃油消耗率随着喷油正时的推迟而升高。喷油正时推迟1 ℃A，指示功率下降约1.33%，NO_x比排放下降约7.7%，燃油消耗率上升约1.29%。NO_x的下降与燃油消耗的提升和指示功率的下降呈现出“trade - off”（此消彼长）的关系，而对于船用低速二冲程柴油机，喷油正时对NO_x比排放的影响程度远大于对指示功率和燃油消耗的影响，在保证内燃机所需功率得到满足的前提下，燃油消耗的略微增加可在很大程度上降低NO_x的排放。

5.3　喷射方向对船用低速柴油机性能的影响

四冲程柴油机的喷油器位于气缸中心，喷油器上的喷孔关于气缸轴线均匀分布，调整喷射方向角对燃油在燃烧室空间的燃烧性能进行研究非常方便，因此喷射方向是这类柴油机燃烧性能研究的一个热点。而某船用低速二冲程柴油机的喷油器位置不同于四冲程柴油机，其结构位置示意图如图 5.31 所示。

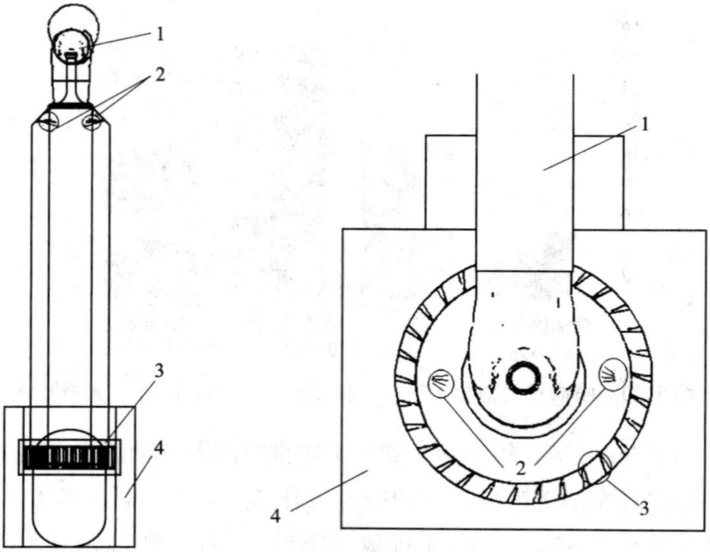

图 5.31　喷油器油孔的结构位置示意图

1—排气道；2—喷油器油孔轴线；3—扫气道；4—扫气箱

从图 5.31 可知，某船用低速二冲程柴油机的两个喷油器位于气缸两侧，关于气缸轴线轴对称安装；喷油器油孔喷射方向同样会对柴油机燃烧产生重要影响。当前关于船用二冲程柴油机喷油器油孔轴线方向的研究较少。韩国 HSD ENGINE 公司研发团队的 Chang - Su、KIM、Dong - Ho、LEE、Young - Sam、CHO 对船用柴油机 HSD - MAN

B&WS70MC的喷孔角度变化的研究表明，喷孔方向影响燃烧过程及排放物的形成，如果喷孔方向过于接近，产生局部富油区域将导致高的SOOT排放；喷孔方向过于显著的逆着缸内气流方向对于SOOT的生成也是不利的；过于发散的喷孔方向因稀燃区域较大将增加NO_x的排放。日本三菱重工有限公司的Hiroyuki Endo、Yuji Oda、Masahiko Okabe等人对船用低速柴油机MHI UEC85LS Ⅱ的三维仿真研究表明，随着燃油喷射方向向外增加，缸盖和活塞表面的传热率增大。本节拟在不改变喷油器结构的前提下，通过将喷油器绕自身轴线旋转，来研究喷孔方向对柴油机燃烧的影响规律。原机的喷油器油孔轴线如图5.31所示，从图中可以看出，油孔轴线总体上与扫气道的气流方向一致，气流随着扫气道的壁面引导，在缸内形成逆时针的涡流，喷油器轴线顺着气流方向有利于油气在缸内的扩散与混合；将喷油器绕自身轴线逆时针旋转15°和30°得到的喷油器油孔位置示意图如图5.32所示。

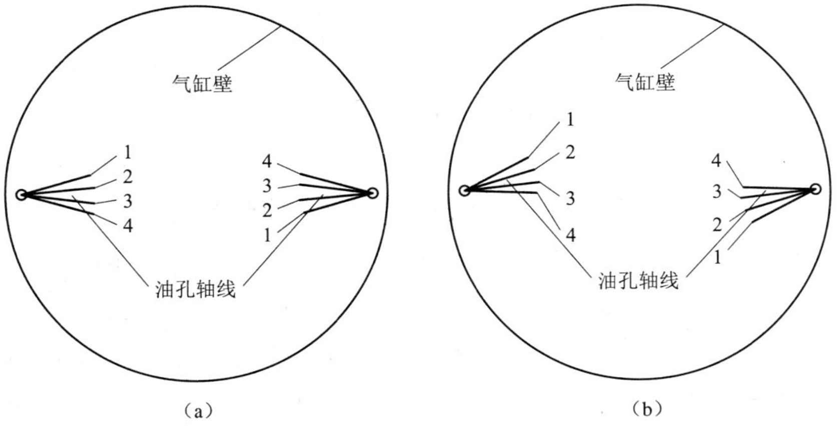

图5.32　调整后的油孔位置示意图

(a) 逆时针旋转15°；(b) 逆时针旋转30°

图5.32 (a) 所示为逆时针旋转15°对应的油孔位置示意图，图5.32 (b) 所示为逆时针旋转30°对应的油孔位置示意图。结合图5.31

可知，15°时两个喷油器的油线接近对喷，油气朝气缸中心喷出，对缸内的涡流有一定的干扰；30°时两个喷油器的油孔轴线的方向与扫气道进气方向相反，油气逆着由扫气引导形成的涡流喷射，干扰缸内正常涡流。若将原机的油孔轴线喷射方向称为顺喷，则15°和30°可分别叫作对喷和逆喷。本节在其他控制参数不变的条件下来分析这三种喷射情况对柴油机性能的影响，得到这三种喷射情况对柴油机性能的影响规律。

5.3.1 喷射方向对缸内压力的影响

不同喷射方向的缸内压力曲线如图5.33所示。

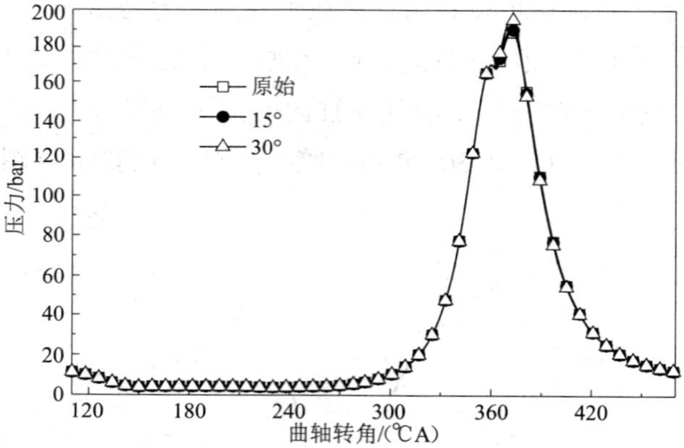

图5.33 不同喷射方向的缸内压力曲线

由图5.33可知：其他条件相同时，喷射方向的改变对压缩压力不产生影响，但对于爆发压力有较大的影响；逆喷时因缸内涡流方向与油气方向相反，改变了油气在缸内的流向，油气浓度率先在局部达到可燃界限，首先燃烧，爆发压力最大，为190.7 bar，12 ℃A ATDC；对喷时虽然油气对缸内气流也有阻碍作用，但其强度远远小于逆喷，油气混合达到可燃界限需要更多的时间，因此其爆发压力较小，为185.6 bar，12 ℃A ATDC；而顺喷对缸内流场几乎没有扰动，油气顺着涡流方向在气缸内扩散，混合气浓度到达可燃界限的时间更长，所以爆发压力最小，为 184 bar，12 ℃A ATDC。从而可知：对于船用低速二冲程柴油机，喷射方向的改变对压缩压力影响不大，逆喷爆发压力升高，顺喷爆发压力降低。通过喷油器绕自身轴线旋转调整喷射方向，可以合理利用缸内气流与油气之间的动量交换来改善燃烧。

5.3.2　喷射方向对缸内温度的影响

不同喷射方向，喷油器喷孔所在的横截面（$z = 27$ mm）处在不同曲轴转角下的缸内温度分布分别如图 5.34 ~ 图 5.36 所示。

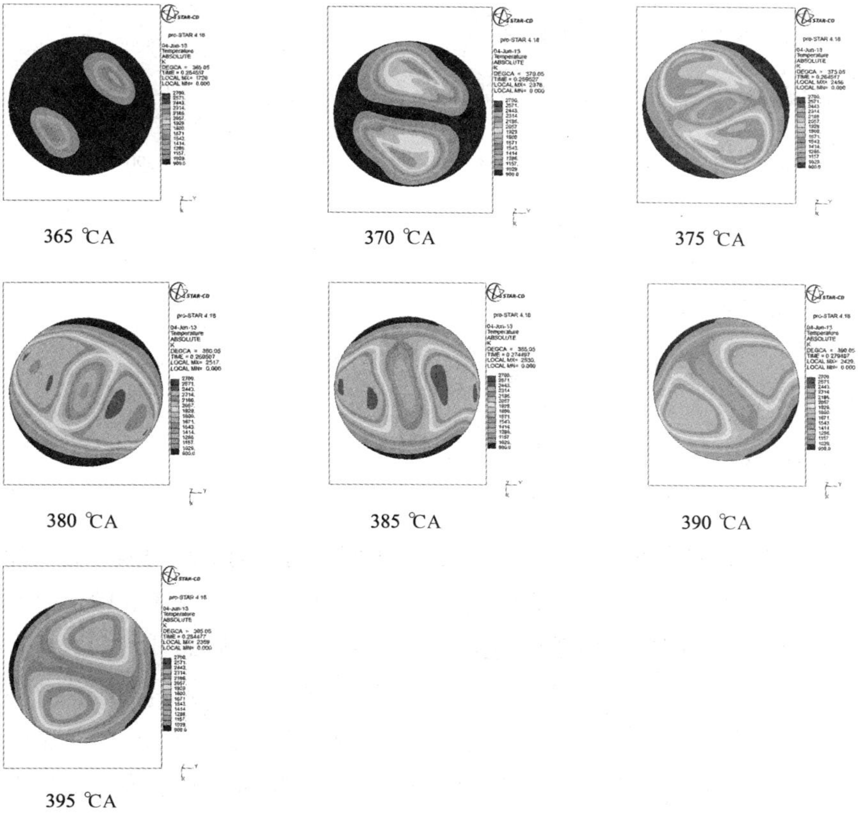

图 5.34　原机的喷孔方向对应转角下的缸内温度分布

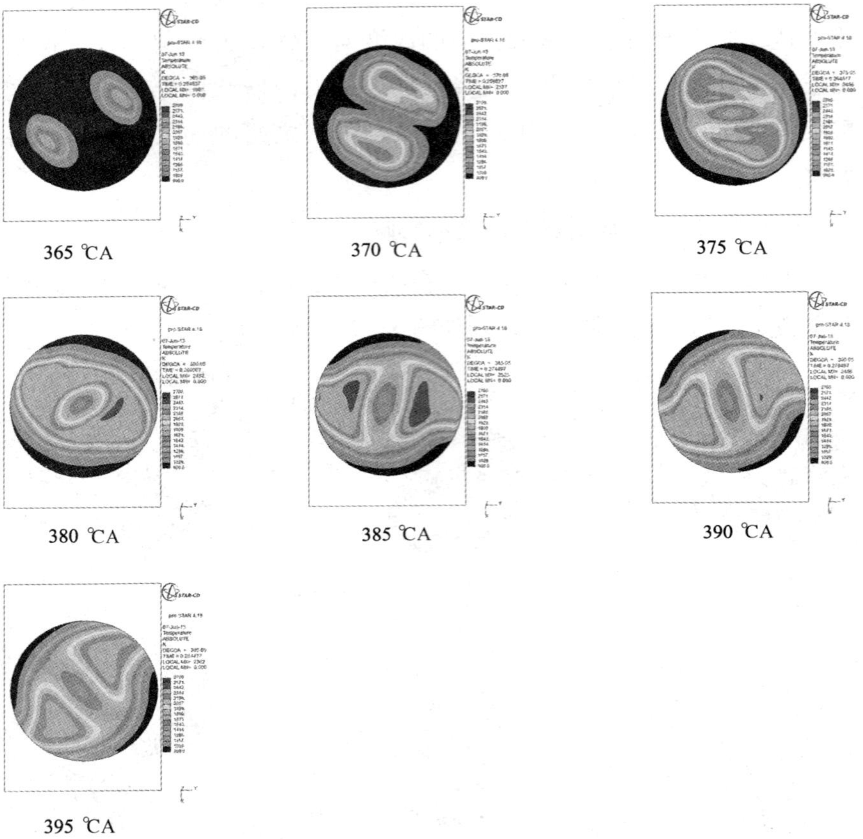

图 5.35　15°喷孔方向对应转角下的缸内温度分布

从图 5.34～图 5.36 中可以看到，不同喷射方向的缸内温度分布随曲轴转角变化的趋势是：高温气团顺着喷射方向随缸内气流做逆时针旋转运动，气团温度随燃烧的进行不断变化，首先局部升高，然后扩散，最终在气团内部趋于均匀；随着膨胀行程的进行，温度逐渐降低，原机因喷射方向与缸内涡流方向一致，整个高温区域在涡流的作用下在缸内分布较均匀，当旋转 30°后，因喷射方向主体与涡流方向相反，高温气团集中分布在气缸中央，气缸壁附近的低温区域相对

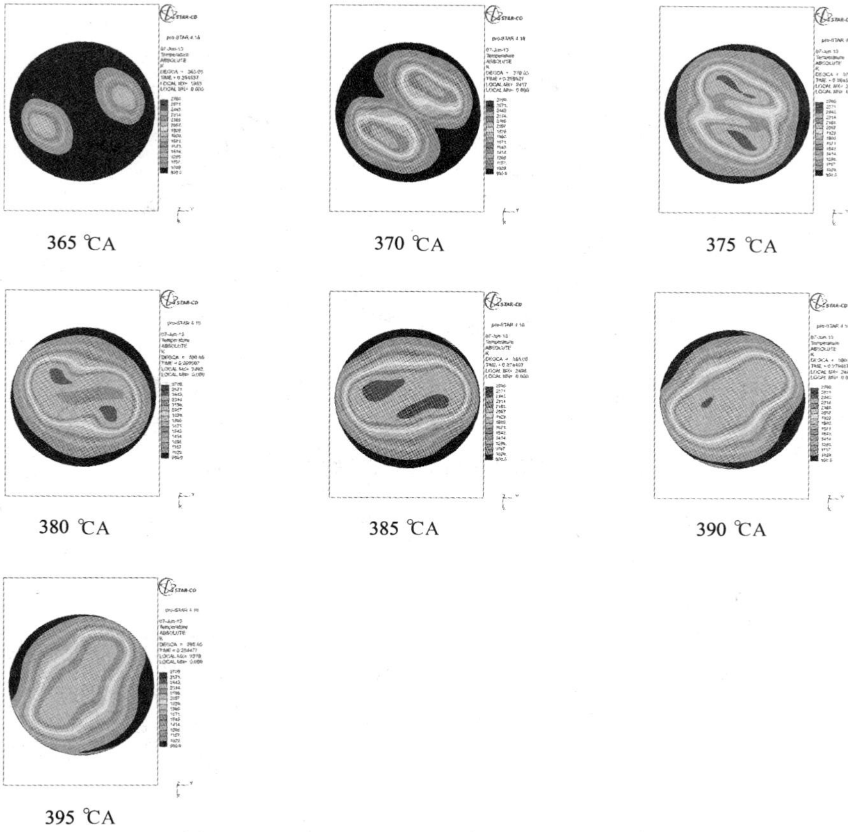

图 5.36　30°喷孔方向对应曲轴转角下的缸内温度分布

较大。从同一转角不同喷射方向的温度分布可以看到：在 370 ℃A 时，15°与 30°的两个喷油器喷出燃油形成的“高温气团”已有部分接触，随着缸内气流的运动，原机气缸中央出现一低温区域，而 15°时的低温区域较小，30°时没有低温区域。图 5.37 和图 5.38 所示分别为不同喷射方向对应的缸内温度曲线和放热率曲线。

从图 5.37 可知，原机的缸内燃烧峰值温度与 15°时相差不大，30°时缸内温度最低。在图 5.38 中，可以看到原机和 15°的放热率曲线一致，30°时的放热率峰值最大，但是在燃烧后期出现波动，这是由缸内浓油区域黏结，空气量不足所致。

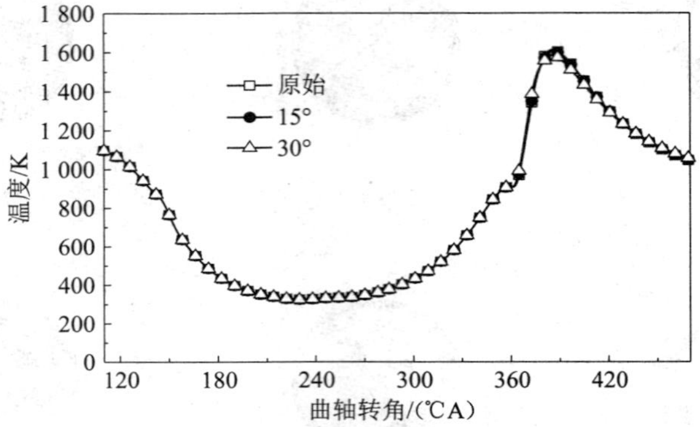

图 5.37　不同喷射方向对应的缸内温度曲线

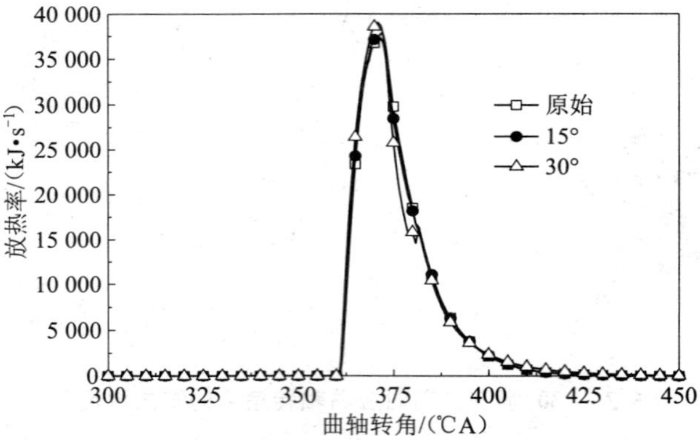

图 5.38　不同喷射方向对应的放热率曲线

通过对不同喷射方向的仿真研究表明：对于船用低速柴油机，随着喷射方向的逆气流变化，“高温气团”相互黏结，分布在气缸中部区域，缸内燃烧放热峰值趋高，放热更加集中，但同时由于油雾的黏结，气缸中部空气不足，燃烧不充分。

5.3.3　喷射方向对 NO_x 排放的影响

在内燃机排放的 NO_x 中占到多数的是 NO_x，这里仍以 NO 的生成量

来代替 NO_x 的量。不同曲轴转角下 NO_x 在喷油器喷孔所在横截面（$z=27$ mm）处的分布分别如图 5.39 ~ 图 5.41 所示。

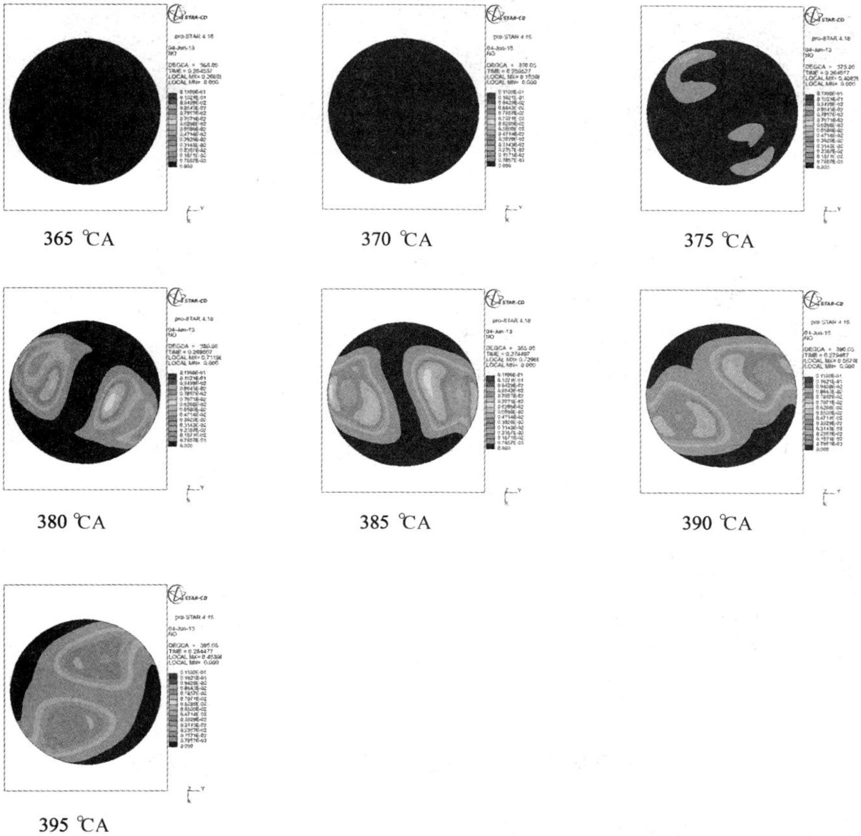

图 5.39　原机喷孔方向对应曲轴转角下缸内 NO_x 的分布

不同喷油正时对应的 NO_x 生成历程对比图如图 5.42 所示。

由不同曲轴转角下缸内 NO_x 的分布图可知：不同喷射方向的 NO_x 随曲轴转角的变化趋势与“高温气团”的变化规律一致；通过对比图 5.42 可知，NO_x 生成的位置与“高温气团”的位置相同，这说明，高温是 NO_x 产生的条件之一。对比同一曲轴转角在不同喷

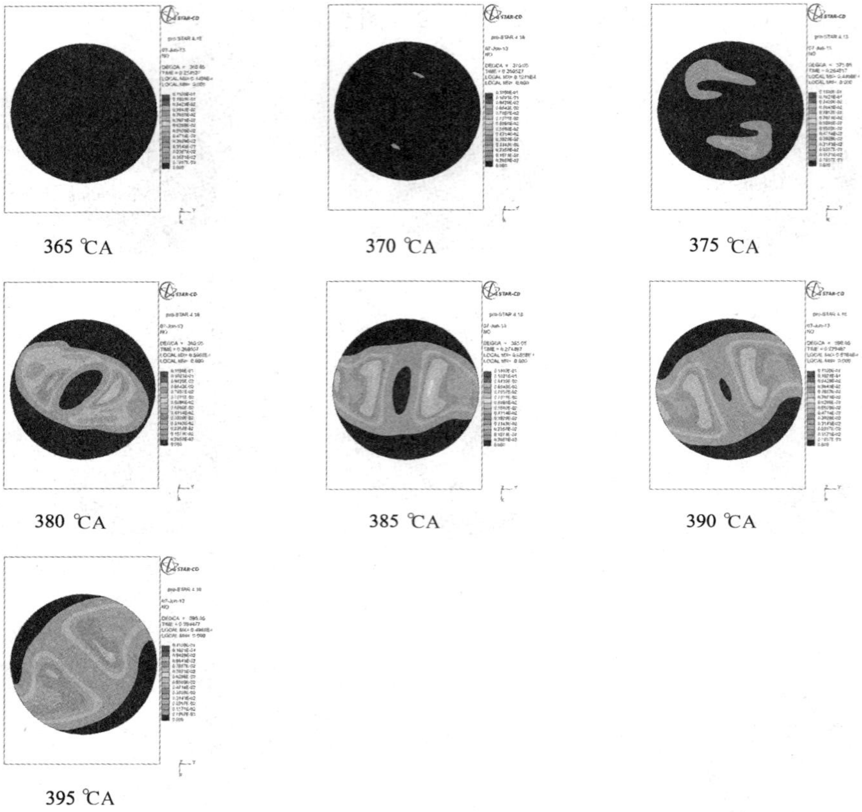

图 5.40　15°不同喷孔方向对应曲轴转角下缸内 NO_x 的分布

油正时的 NO_x分布可知，30°时 NO_x生成最早，这是因为 30°时的缸内放热速率较高。

由图 5.42 中的 NO_x生成历程可知，在 30°喷射方向时，NO_x“生成早”“生成量多”，约为 0.89 g；在 15°喷射时，NO_x的生成量约为 0.871 g；原机喷射时，NO_x的生成量最少，约为 0.866 g。这表明，对于船用低速二冲程柴油机，喷油方向逆着缸内涡流方向时，NO_x排放量增加，为减少 NO_x的排放应使喷射总体方向与缸内涡流方向一致。

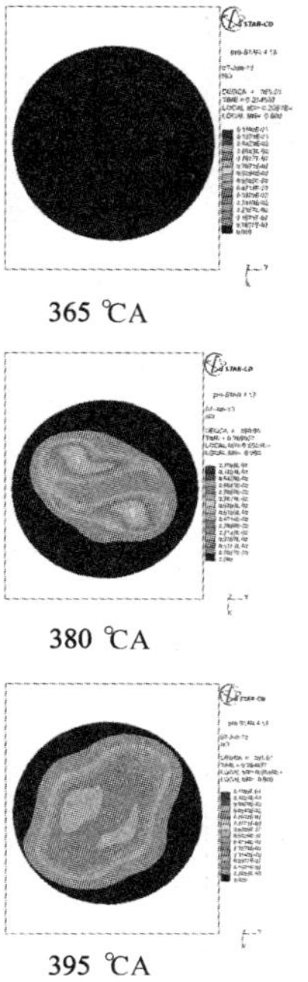

图 5.41　30°不同喷孔方向对应曲轴转角下缸内 NO_x 的分布

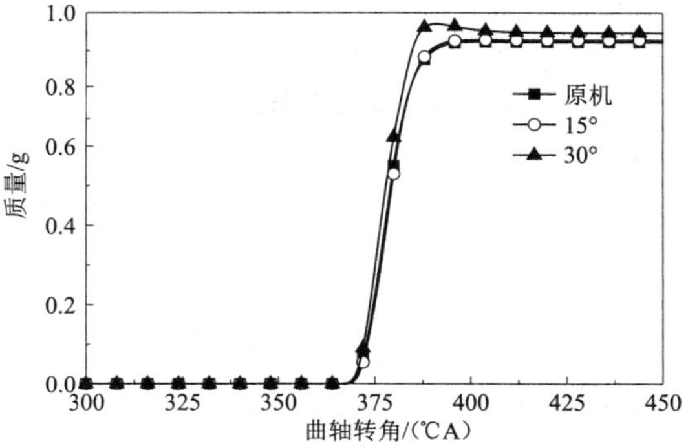

图 5.42　不同喷油正时对应的 NO_x 生成历程对比图

5.3.4　喷射方向对综合性能的影响

不同喷射方向对指示功率、指示油耗、NO_x 比排放的影响分别如图 5.43 ~ 图 5.45 所示。

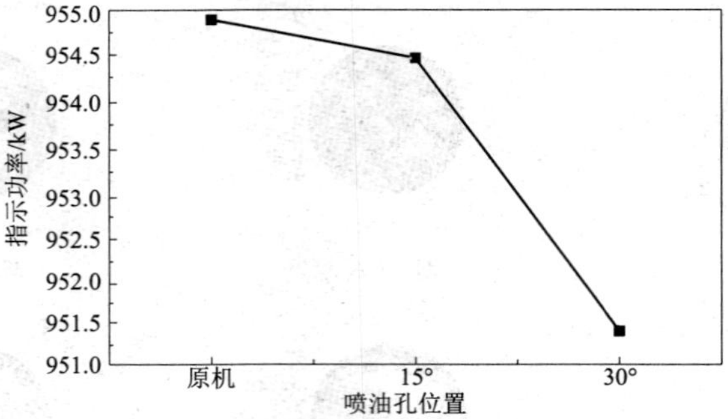

图 5.43　指示功率的变化

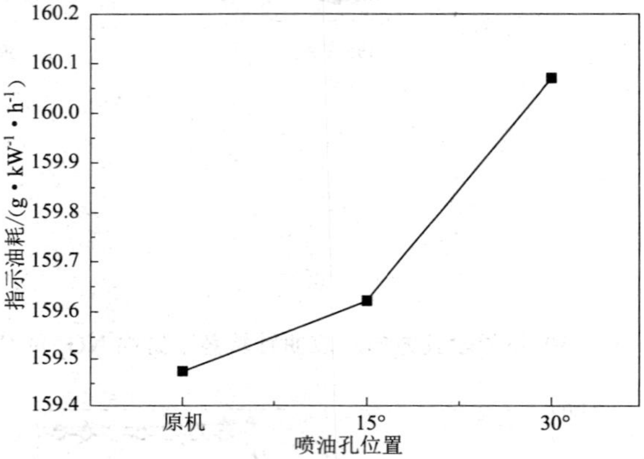

图 5.44　指示油耗的变化

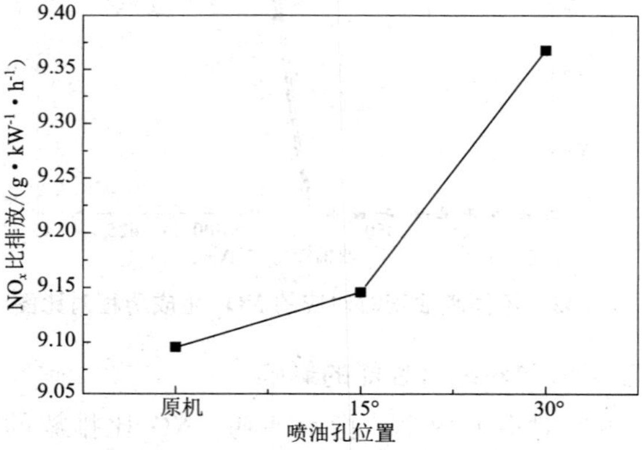

图 5.45　NO_x 比排放的变化

其中图5.43～图5.45中的横坐标为喷油孔的不同方向，分别是原机、15°、30°。由图5.43可知，在喷射方向尚未逆着缸内涡流喷射时，指示功率变化不大，但当喷射方向逆着气流喷射时，缸内的指示功率快速下降；由图5.44可知，指示油耗随着喷射方向的逆气流转动而增加；由图5.45可知，随着喷射方向逆气流程度的增加，NO_x的比排放迅速增加。综上所述，喷射方向逆缸内涡流运动不利于缸内燃烧做功，增加燃油消耗及NO_x的排放，在安装喷油器时不予考虑。

第6章　喷油规律对船用低速柴油机性能的影响分析

船用低速柴油机的性能受到多种因素的制约，喷油规律（喷油速率相对于曲轴转角的变化关系）对柴油机的经济性、动力性和排放特性有着直接和决定性的影响。近代，随着对柴油机节能、排放、噪声等方面要求的日益严苛，国内外相关专业的设计研发人员，希望通过改变、控制喷油规律，进而优化燃烧过程，达到降低排放的目的。

一般而言，整体喷射过程大致分为三个阶段：喷射初期、喷射中期与喷射后期。滞燃期内形成的可燃混合气，其质量是由喷射初期的喷油速率决定的，若可燃混合气过量，将会致使急燃期内压升率过高，虽然能够使燃烧速率加快，以提高柴油机的经济性，但较高的燃烧温度将会导致 NO_x 排放量的增多。所以为了降低排放，应采取“初期缓喷”的策略，以减少滞燃期内喷入缸内的燃油量。缓燃期的燃烧过程由喷油中期的喷油速率决定，随着气缸容积的不断增加，燃烧反应的加剧，使缸内氧气量随燃烧温度的升高而不断下降，燃油在缺氧状态下易裂解形成碳烟，所以对于中期喷油速率的控制，应是以加速混合气的形成为主，确保缓燃期迅速而充分地燃烧。从喷油器压力开始下降直到完全关闭所经历的时期为喷射后期，这段时间由于缸内压力下降，燃烧环境变差，柴油机的经济性降低，同时污染物的排放增加，因此要缩短喷射后期。

综上所述，理想的喷油规律应近似于“靴形”状，如图 6.1 所示。通过对初期喷油速率、持续期的调控，能够实现喷射中期喷油流量、最大喷油速率以及后期迅速断油的控制，当然还要将喷油持续期、喷油正时等参数综合起来考虑。

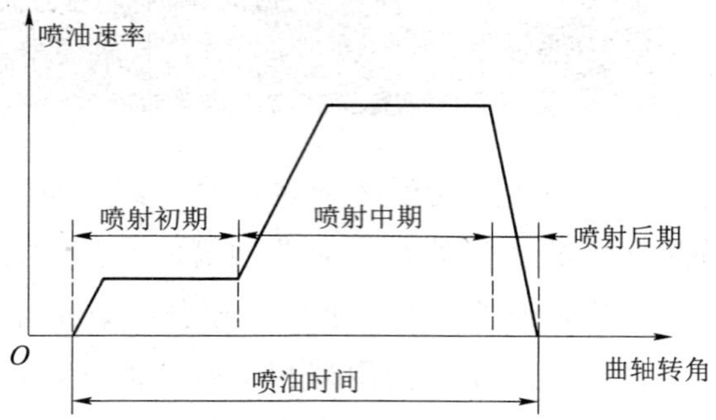

图 6.1　柴油机理想喷油规律

本章主要研究不同喷油规律对柴油机燃烧和排放性能的影响，不考虑扫、排气过程，仿真的计算模型以及初始条件和边界条件详见前文。

6.1　三种喷油规律的计算

伺服油压根据主机运行工况的不同，在 200 ~ 300 bar 变化，额定工况下，伺服油压力为 300 bar。伺服油压以一定的增压比（本机型增压活塞面积比约为 3.04）增压 8 bar 的低压燃油，考虑到容积效率损失，在额定工况下，燃油喷射压力可达 900 bar。ELFI（Electronic Fuel Injection）阀控制伺服油进出增压活塞，从而控制燃油增压起始时刻及增压持续期，即间接控制了喷油定时和喷油持续期。

如图 6.2 所示为在 100% 负荷下，试验测得的增压泵出口处燃油压力的多个循环燃油压力曲线。利用多领域一维系统仿真软件 AMESim，建立了高压燃油管、喷油器仿真模型，如图 6.3 所示。

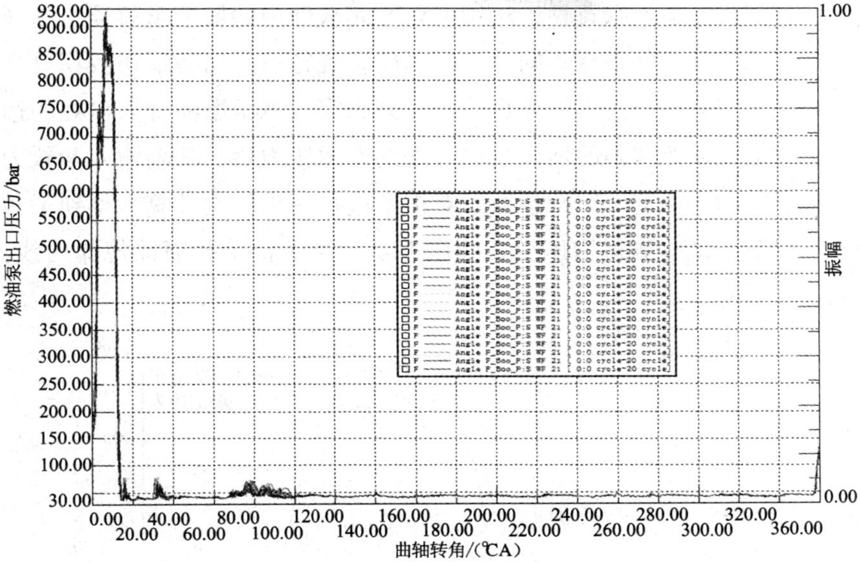

图 6.2 试验所得增压后的燃油压力（100%负荷下多循环）

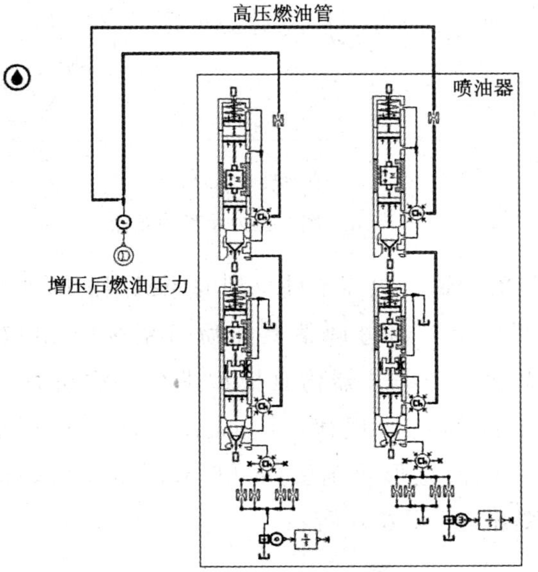

图 6.3 AMESim 仿真模型

根据模型的数据特性，选用 AMESim 软件中的智能求解器，选择最适合的算法，并根据不同计算时刻的系统特点，动态地切换积分算法和调整积分步长。模型计算初始时刻为零，高压燃油管入口处的边界条件为试验所测得的增压泵出口处的燃油压力值，其余输入参数为燃油系统的各项基本结构参数。对模型进行一维仿真计算，得到了额定工况下，试验测得增压后燃油压力及计算所得单孔喷油规律曲线，如图 6.4 所示。

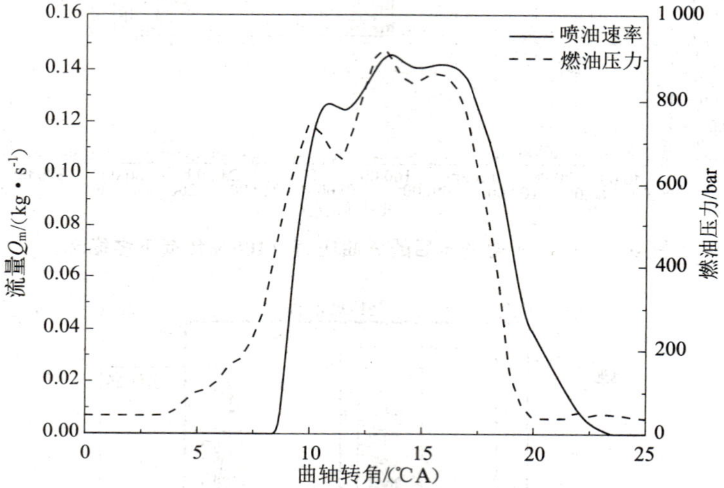

图 6.4　燃油压力及喷油规律

利用试验值为输入边界条件得到的原机型的喷油规律是较为精准的，在此基础上，通过调整燃油喷射系统中 ELFI 阀的控制信号，对高压燃油管与喷油器仿真模型进行一维仿真，得到了本书所需的三种不同的喷油规律：Constant（常数）近似矩形喷射、Boost（提高）类似靴形喷射、Double Injection（双注入）多次喷射，分别如图 6.5、图 6.6 所示。

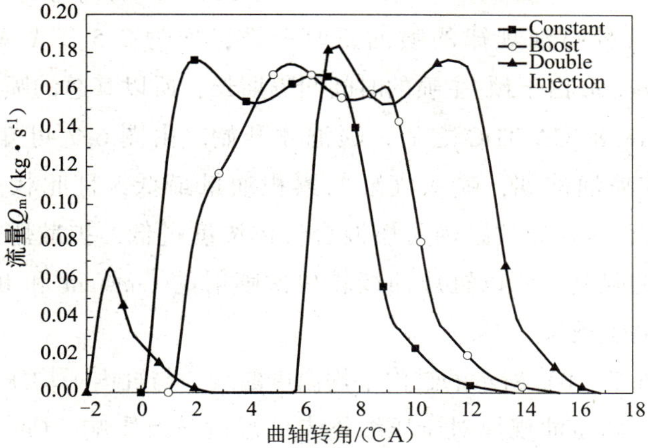

图 6.5　不同的喷油规律

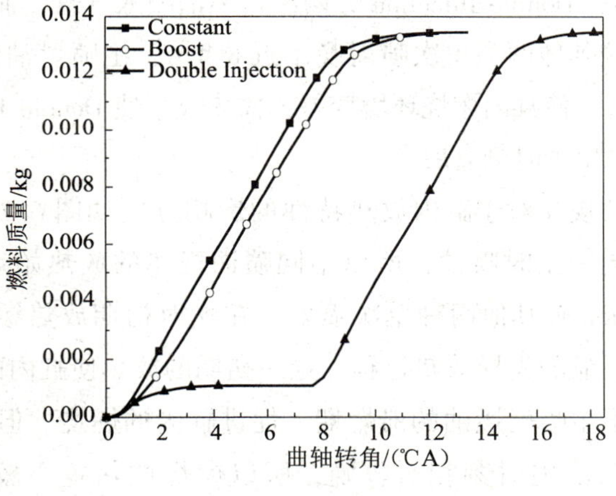

图 6.6　累积喷油量

6.2　不同喷油规律对燃烧特性的影响分析

不同喷油规律对缸内平均压力的影响如图 6.7（a）所示，分析可知：三种喷油规律对于压缩压力基本无影响，Constant 的最高燃烧压力最大，为 202.2 bar；Double Injection 的爆发压力最低，仅为 163 bar。这是因为三种喷油规律的喷油正时一致，均为 2.5 ℃A ATDC。而 Double Injection 由于预/主喷的时间间隔期长，所以其总的喷油持续最长，达到 18.8 ℃A TDC 之后，喷油才开始。由图 6.7 可知：Double Injection 在喷油前期，喷入气缸的累积油量最低，且此状态持续了 8 ℃A 左右，这样导致缸内可燃混合气体浓度过低，扩散燃烧受到了喷油速率的限制，所以缸压曲线较单次喷射的 Constant 和 Boost 小得多，产生后燃现象。

如图 6.7（b）所示的缸内平均温度曲线，与缸内平均压力曲线趋势相同，不同喷油规律对于压缩终点的温度没有影响，Constant 的缸内燃烧温度峰值最高，达到了 1 804 K，比 Double Injection 的缸温峰值高出 154.7 K。Double Injection 分两次将燃油喷入气缸，而主喷射喷入缸内的时刻较其他两类单次喷射晚了近 8 ℃A，主喷燃油的燃烧滞后，同时活塞下行，使缸内燃烧环境变差，放热效率使 Double Injection 缸温峰值最低，且出现时刻靠后。

不同喷油规律对于缸内放热特性的影响分别如图 6.7（c）、（d）所示。由于同一正时喷油，所以不同喷油规律的放热始点基本相同，Double Injection 较其他两种单次喷射，在喷射初期放热缓慢，主燃期前存在一段明显的先导放热过程，这一初期的放热使缸内的温度升高，有效地缩短了主喷射燃油的滞燃期，促进缸内的燃烧。但由于主喷燃油较多且喷入缸内时刻相对较晚，所以燃烧放热重心较 Constant 与 Boost 后移，偏离上止点较远；两种单次喷射到达放热率峰值的时刻相差不大，但 Double Injection 放热率峰值出现在 14.9 ℃A ATDC，较 Constant 与 Boost 滞后 5 ℃A 左右，相应的达到累积放热量最大值所经历的时间也最长，这会影响柴油机的热效率，若要提高多次喷射的热效率，需对喷油时刻进行优化。

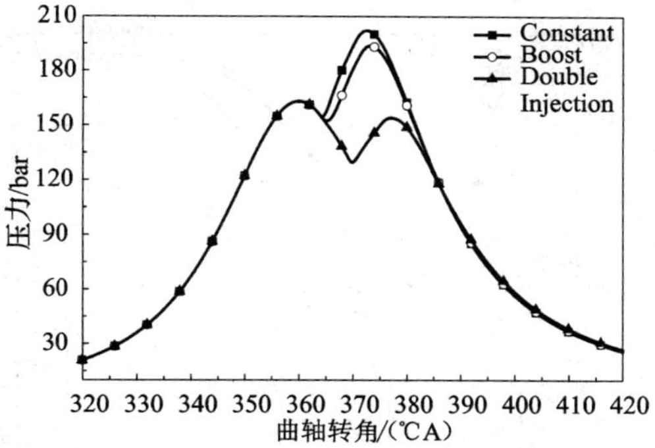

（a）

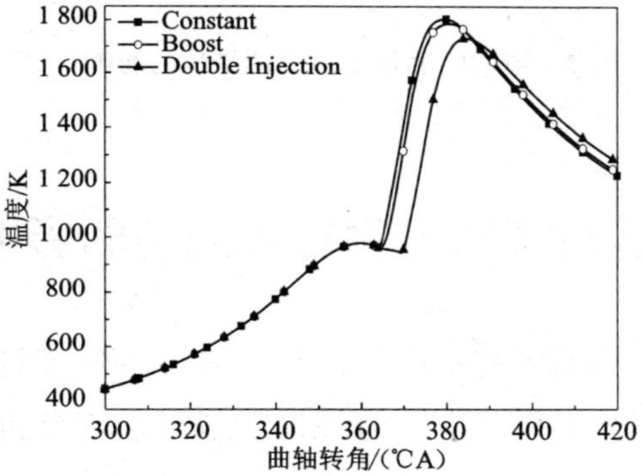

（b）

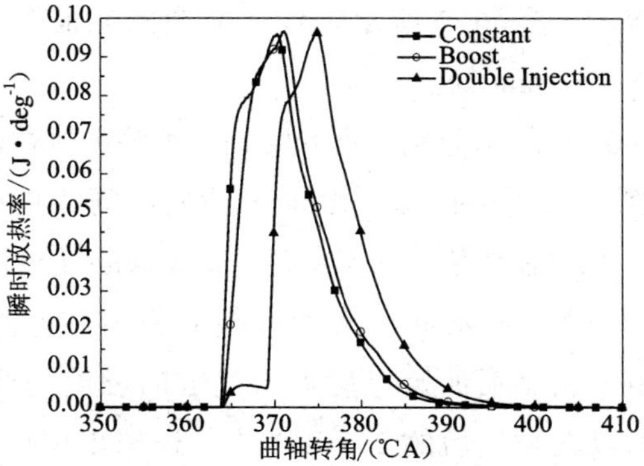

（c）

图 6.7　不同喷油规律对燃烧特性的影响

（a）缸压平均压力；（b）缸内平均温度；（c）瞬时放热率

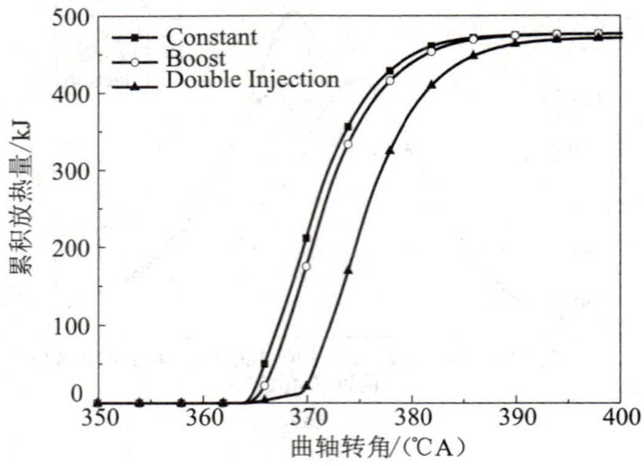

(d)

图 6.7　不同喷油规律对燃烧特性的影响（续）

(d) 累积放热量

6.3　不同喷油规律对各流场的影响分析

为了较为全面地研究不同喷油规律对缸内燃烧过程的影响，在对缸内平均压力、温度和放热特性曲线进行宏观分析后，现对燃油的浓度场与温度场随曲轴转角的变化过程进行分析。计算模型的坐标系原点位置条件同图 6.7 所示条件，云图的截面为喷油器喷孔所在的截面，即 $z = 27$ mm 处。

图 6.8 ~ 图 6.10 所示分别为不同时刻三种喷油规律燃油（$C_{12}H_{26}$）的浓度分布云图，从图中可知：由于三种喷油规律的喷油正时均为 2.5 ℃A ATDC，在曲轴转角 365 ℃A 时，Constant 与 Boost 已可以看到少量的燃油分布，且 Constant 的燃油分布面积最广，油核面积最大，但 Double Injection 由于喷油始点后喷入气缸的燃油的质量流量较小，喷油速率低，所以在喷油后的 2.5 ℃A 内，还未出现燃油的分布。在 367 ℃A 时刻，Constant 的燃油分布面积继续扩大，但油核的高浓度区域明显缩小，这说明此刻缸内的油气混合已经较为均匀，建立了良好的扩

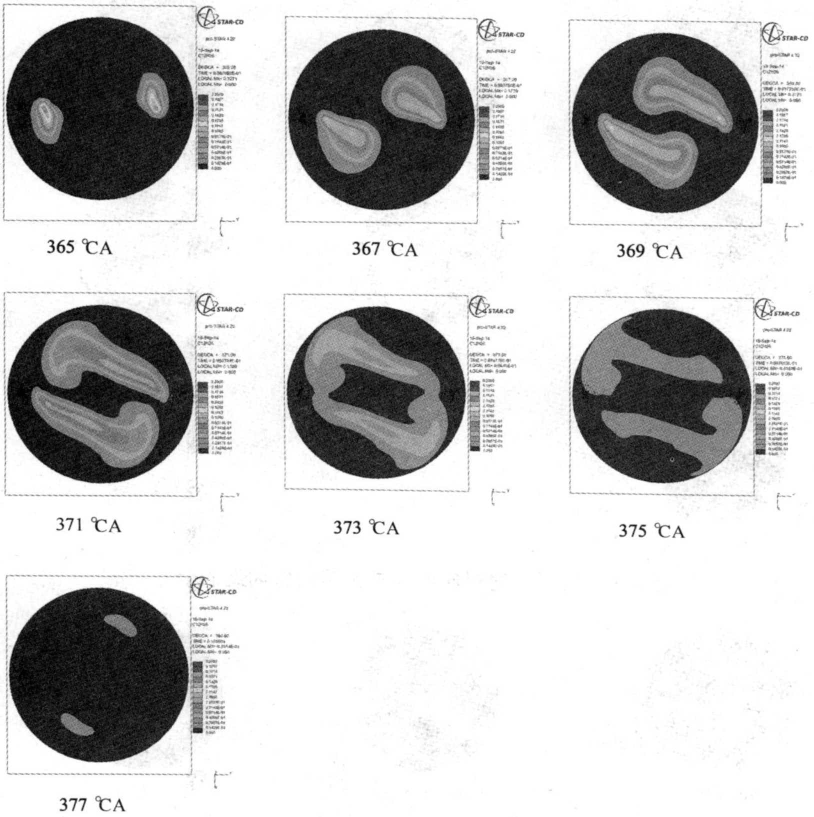

图 6.8　矩形喷射对应曲轴转角下的缸内燃油分布

散燃烧条件，Boost 的燃油分布面积与油核高浓度区域均有增大，Double Injection 此刻才出现少量、低浓度的燃油分布；Constant 与 Boost 随着喷油的持续，到 371 ℃A 时，二者燃油基于气缸中心向缸壁扩散分布的面积越来越大，燃油浓度降低且较为均匀，这是由于前期的燃油混合均匀，使扩散燃烧速度相对较快，燃油消耗较快；另从喷油规律可以看出，此时喷油持续期即将结束，喷油速率大大减小；而 Double Injection 恰好相反，2 ℃A 的喷油间隔期使总的喷油持续期延长，发生明显的后燃现象。

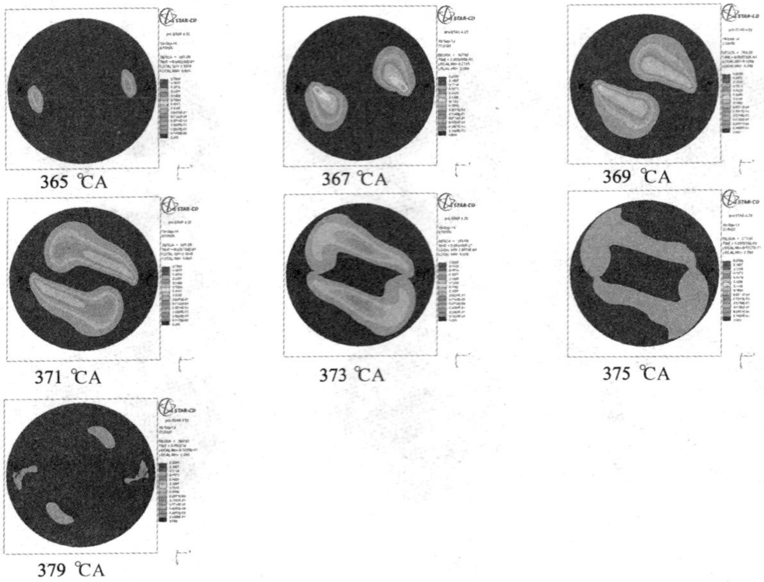

图 6.9　靴形喷射对应曲轴转角下的缸内燃油分布

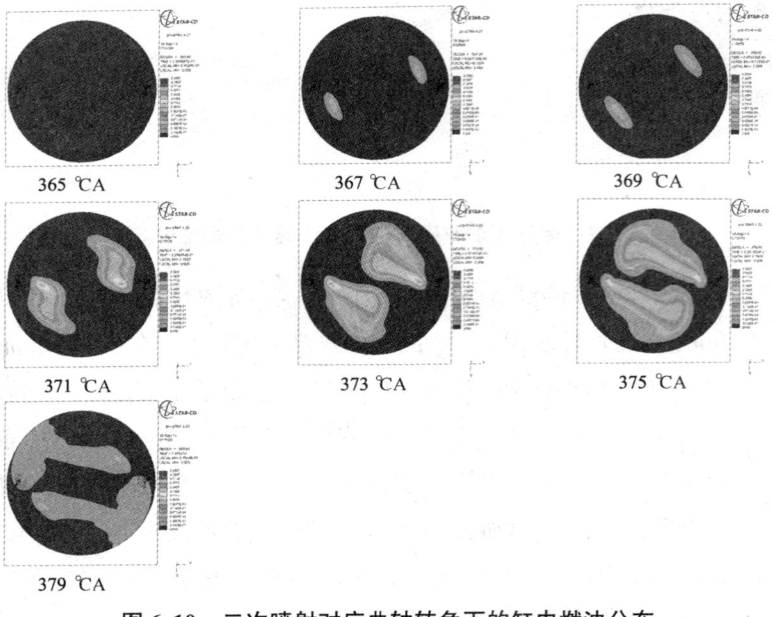

图 6.10　二次喷射对应曲轴转角下的缸内燃油分布

燃油进入气缸，经过雾化、蒸发、扩散与空气混合，形成可燃混合气，从图6.7（b）中缸内温度曲线可知，Constant 与 Boost 在 365 ~ 366 ℃A 开始着火，而 Double Injection 着火时刻滞后近 5 ℃A；从图 6.7 中三种喷油规律在不同曲轴转角下的温度场云图可以看出：在 367 ℃A 时，单次喷射的两种喷油规律已有明显的升温现象，而多次喷射缸内温度的变化不大；随着持续喷油和燃烧加剧的继续，缸内温度快速上升，在 375 ℃A 时，Constant 与 Boost 的高温区域分布面积较大，高温富氧环境导致 NO_x的生成量增加，而 Double Injection 的高温区域小，温度与前二者相比较低，预测 NO_x生成量是最低的，这一点从图 6.11（a）与图 6.12 所示的 NO_x生成历程曲线和浓度分布云图中可以得到证实。

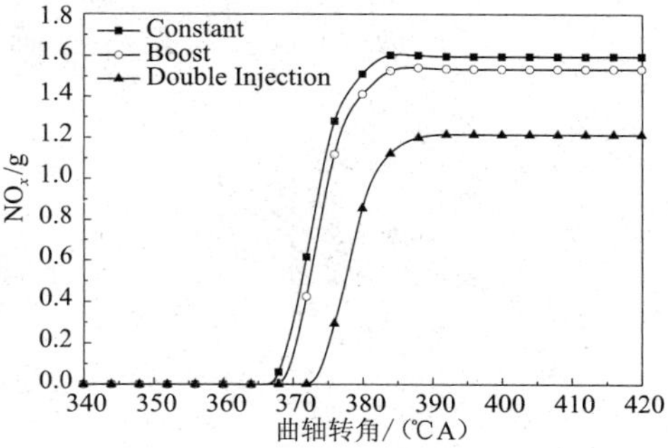

（a）

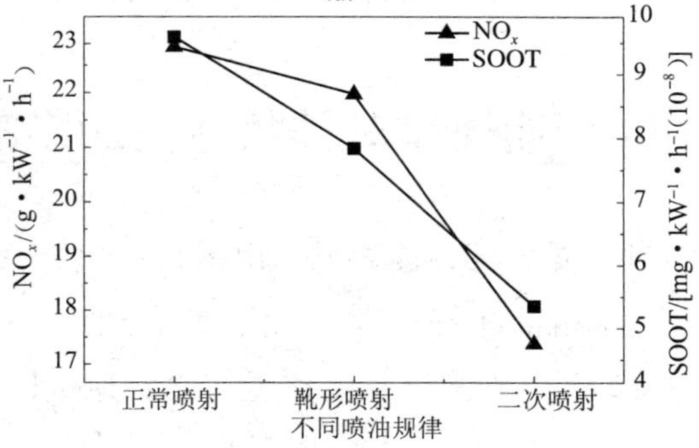

（b）

图 6.11　不同喷油规律对排放性能的影响

（a）NO_x 生成历程曲线；（b）主要排放物的生成总量

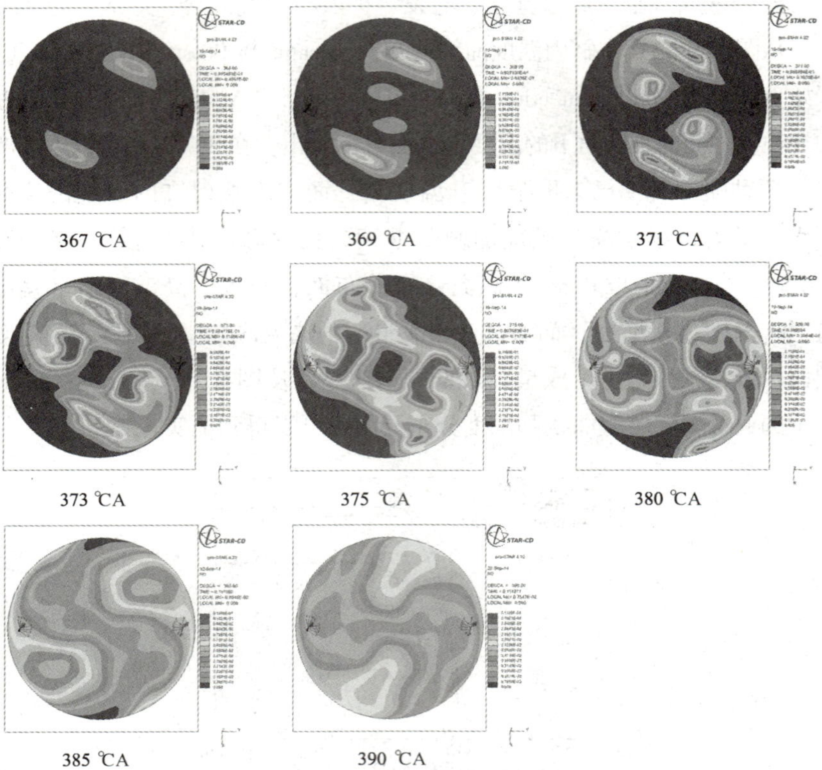

图 6.12　矩形喷射对应曲轴转角下的缸内 NO_x 分布

6.4　不同喷油规律对排放性能的影响分析

不同喷油规律对排放的性能影响，由图 6.11（a）所示 NO_x 生成历程曲线可知：Constant 生成最早，在 7 ℃A ATDC，生成量最多，约为 1.59 g；Boost 的生成始点与生成量次之；Double Injection 的始点较 Constant 滞后了 5 ℃A，NO_x 生成量也是最少的，约为 1.21 g。燃烧初期 NO_x 生成量相对较小，随着燃烧放热，缸内温度升高，NO_x 生成量急剧增加，之后随着喷油过程的结束，活塞继续下行，缸内温度降低，使得 NO_x 的生成量恒定。从图 6.11（b）所示的主要排放物生成总量图中可以看出：Double Injection 的 NO_x 与 SOOT 排放均是三种喷油规律中最低的，与单次喷射的 Constant 相比，多次喷射使 NO_x 排放总量降低了近 23.9%，SOOT 生成量下降了 44.2%，证明了利用多次喷射的喷油规律能够有效降低 NO_x 与 SOOT 的排放。

由图 6.12～图 6.14 所示的不同曲轴转角下缸内 NO_x 浓度分布可知：在喷油 4.5 ℃A 后，Constant 已生成微量的 NO_x，而此时的 Boost 与 Double Injection 云图中并未观察到 NO_x；从图 6.10 在相同时刻的

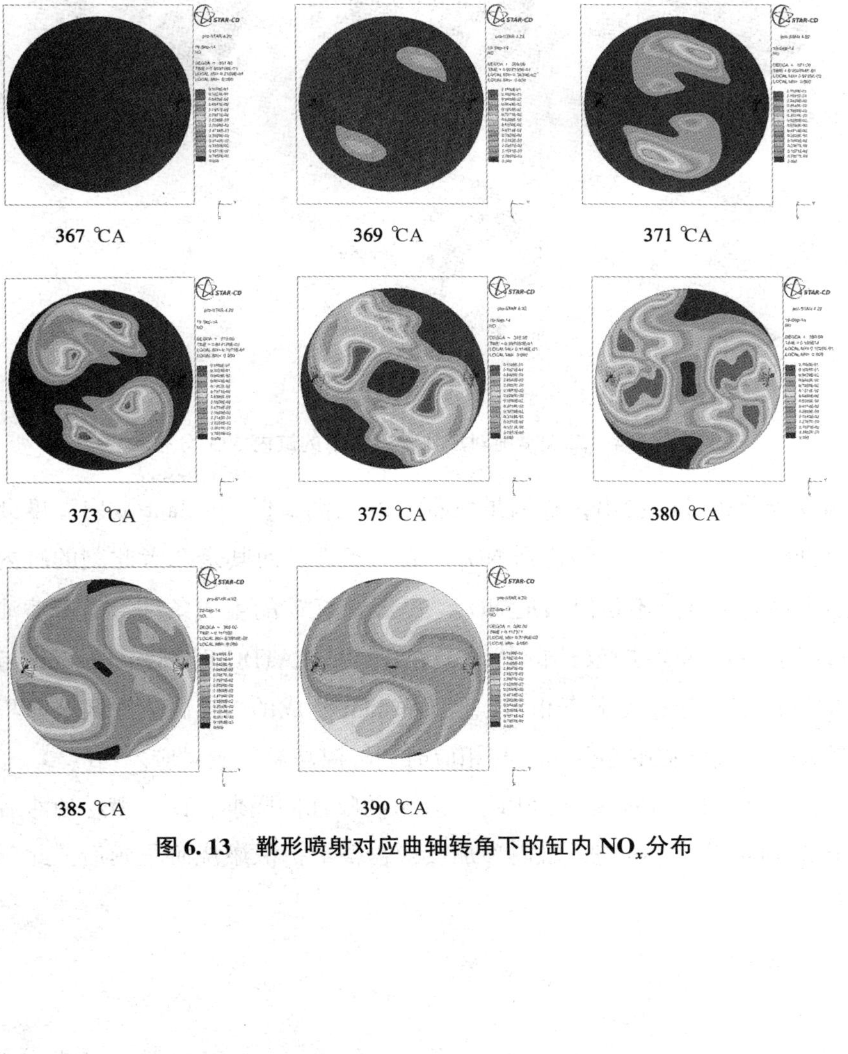

图 6.13　靴形喷射对应曲轴转角下的缸内 NO_x 分布

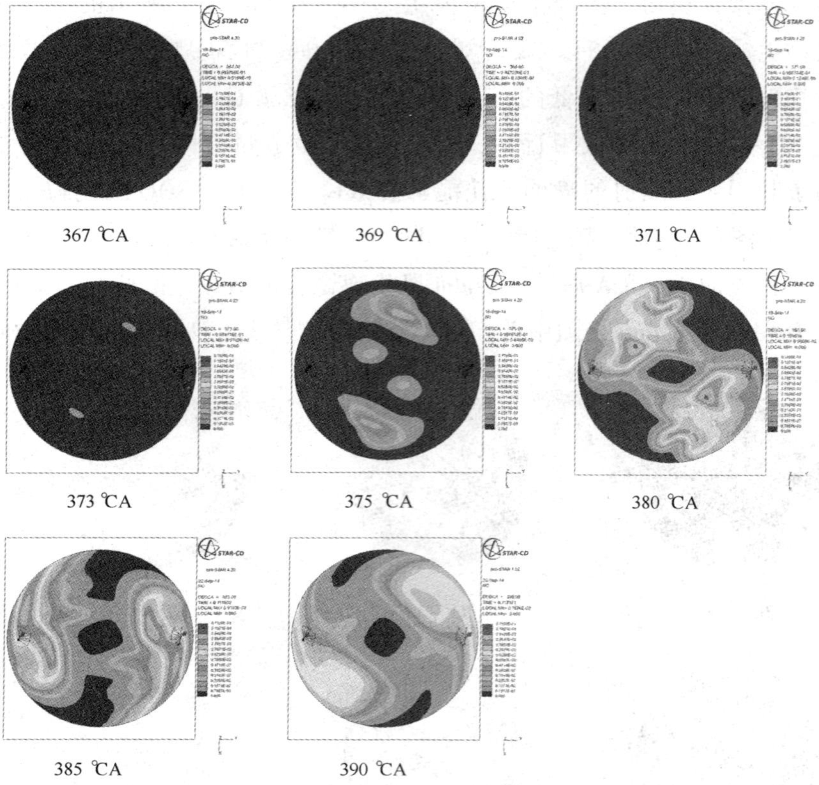

图 6.14　二次喷射对应曲轴转角下的缸内 NO_x 分布

温度场分布可以看出，缸温虽然都有所升高，但 Constant 缸内温度此时升高最为迅速，已经达到 NO_x 生成的条件，而其余二者此刻的缸内燃烧最高温度还不足以满足 NO_x “高温富氧”的生成条件；随着喷油过程的继续和燃烧放热的持续，在 15 ℃A ATDC 时刻，Constant 与 Boost 的 NO_x 分布场形态相似，但 Constant 生成的 NO_x 高浓度区域面积最大，且近气缸中心分布，与相应时刻缸温高温区域对应。

Double Injection 由于经历了 3 ℃A 的喷油间隔期，使主喷燃油滞后于 Constant 与 Boost 进入缸内参加反应，整个扩散燃烧阶段延后，此刻最高燃烧温度决定了 NO_x 生成的浓度，所以看出其缸内生成分布与浓度是三种规律中最低的；再经过 20 ℃A，NO_x 的云图基本趋于较为均匀稳态的分布，Double Injection 的 NO_x 浓度最低，与图 6.11 所示的结果对应。

综上所述，Double Injection 是有效控制 NO_x 排放的较为理想的喷油策略。

6.5 不同喷油规律对柴油机综合性能的影响分析

在实际的工作中以工质对活塞做功为基础，提出了柴油机的指示性能指标，即指示功、指示功率和平均指示压力。指示功是气缸内一个工作循环过程所得到的有用功，它与工作循环中热功转换的有效程度和气缸容积大小有关。平均指示压力（IMEP）是为了能更直观地比较不同喷油规律下，不同工作容积时柴油机的热功转换的有效程度引入的另一参数指标，用以衡量柴油机实际动力性能。指示功率是柴油机在单位时间内所做的指示功，它与指示燃油消耗率紧密相关。

从表 6.1 中可知 Constant 喷油规律计算所得的 IMEP 值最高，说明气缸的工作容积的利用程度最佳，同时，在气缸容积大小相同的情况下，它可以获得更大的指示功，与前面关于指示功的分析结果相呼应；根据计算结果预测，喷油规律 Constant 的动力性能最优；从经济性指标分析，较好的做功能力意味着较低的油耗率；指示燃油消耗方面，喷油规律 Constant 比多次喷射策略降低近 3%，所以单从动力性和经济性方面考虑，喷油规律 Constant 是三者中最优的。

表 6.1 不同喷油规律对柴油机性能的影响

喷油规律	指示功/kJ	指示功率/kW	IMEP/MPa	油耗率/（$g \cdot kW^{-1} \cdot h^{-1}$）
Constant	308.696	1 701.974	2.152	147.154
Boost	305.113	1 695.566	2.124	148.873
Double Injection	299.177	1 640.697	2.062	152.012

缸内最大压力升高率是表征柴油机工作过程中机械负荷程度与燃烧噪声的关键影响参数，如图6.15（b）所示，可知多次喷射的最大压力升高率较喷油规律 Constant 下降了25.4%，可预测多次喷射能有效地降低燃烧噪声，减少机械负荷，延长柴油机的工作寿命。

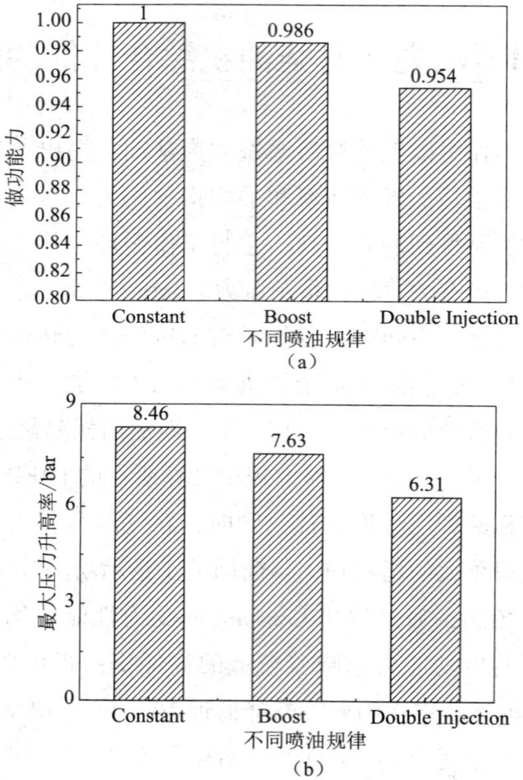

图6.15　不同喷油规律对做功、最大压升率的影响

（a）做功能力；（b）最大压力升高率

综上所述，综合考虑柴油机动力性、经济性和排放性的影响，多次喷射的喷油策略是最佳的喷油方案，因为其对 NO_x 比排放的影响程度远大于对指示功率和燃油消耗的影响，在保证发动机所需功率得到满足的前提下，燃油消耗的略微增加可在很大程度上降低 NO_x 的排放，同时，改善了工作过程中的燃烧噪声和整机工作的粗暴程度。另一方面，为了提高多次喷射动力性能，可以将喷油正时做向前的适当调整，以达到改善整机综合性能的目的。

第 7 章　多次喷射对船用低速柴油机性能的影响分析

电控燃油喷射系统的出现，实现了喷射过程中关键参数的精准控制，如喷射压力、喷油流量、喷油正时等，而带有预喷射的多级喷射，通过缩短滞燃期，削弱预混合燃烧程度，降低缸内燃烧温度，从而降低 NO_x 的排放，但是因为扩散燃烧量的增加，碳烟排放有所增加。典型预喷射柴油机的喷射速率如图 7.1 所示。

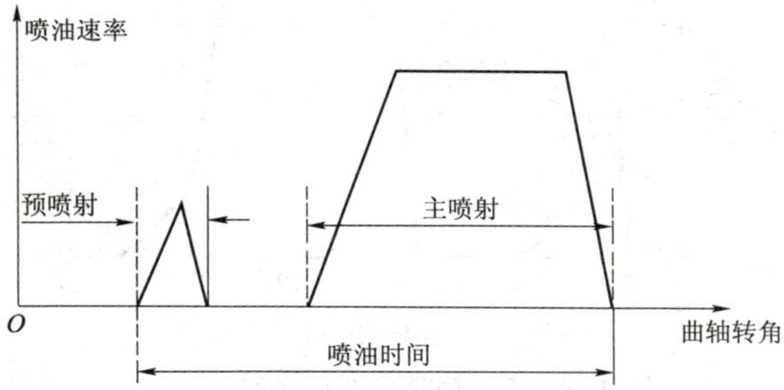

图 7.1　典型预喷射柴油机的喷射速率

影响多次喷射质量的因素主要有三个：一是喷油定时，二是主、预喷油量的分配，三是预喷和主喷的间隔期。本章主要研究预喷率与预/主喷间隔角对柴油机性能的影响，最后对多次喷射参数进行正交优化，得出最佳的喷射策略。

7.1　不同预喷率对船用柴油机性能的影响

预喷率是预喷油量占单缸每循环总油量的百分比，用 Q_{PI} 表示。由

相关文献可知当 $Q_{预喷}/Q_{主喷}=5\%\sim8\%$ 时，柴油发动机的动力性能和排放性能最好。本书基于所研究柴油机的类型和实际的工况条件，研究不同预喷率对缸内燃烧性能及排放的影响规律，提出了三种方案，即 $Q_{PI}=8\%$、11% 和 15%；根据某厂商提供的与本仿真机型相匹配的燃油系统的响应参数，其喷油系统中电磁阀开启与针阀开启响应的最短时间为 3 ms，换算成曲轴转角为 2.6 ℃A 左右，所以本书选定最小的预/主喷间隔角为 $\theta=3$ ℃A。在保证喷油总量一致的前提下，对三种方案喷油规律的质量流量进行调整，结果如图 7.2 所示。预喷定时为 2 ℃A BTDC，主喷定时为 2.5 ℃A ATDC。

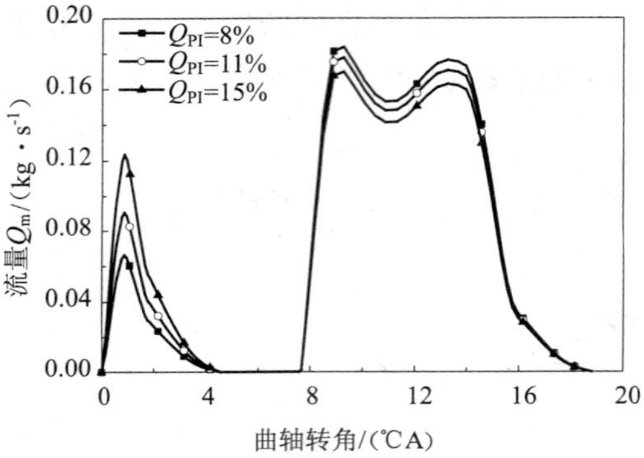

图 7.2　不同预喷率对应的喷油规律

7.1.1　不同预喷率对燃烧特性的影响

如图 7.3（a）所示缸内平均压力曲线可知：不同预喷率 Q_{PI} 对压缩压力基本没有影响，与单次喷射不同的是在压缩压力到爆发压力的过程中，出现了一个压力峰值，即 p_{PI}。这是由于预喷率产生引燃放热引起的，而且随着预喷率 Q_{PI} 的增大，p_{PI} 也相应升高；而爆发压力随预喷率 Q_{PI} 的增大而降低，这主要是因为经过短暂间隔期，主喷燃油喷入缸内，较高的预喷率 Q_{PI} 使主喷燃油量有所减少，放热率峰值降低，p_{max} 降低。缸内平均温度曲线如图 7.3（b）所示，与缸压曲线对应，不同预喷率 Q_{PI} 对压缩终点温度无影响，也出现一个温度峰值 T_{PI}，预

喷率 Q_{PI}越大，此峰值越高；一定的预喷量，使燃烧前期先导放热，导致缸内温度升高，随着预喷过程的结束，进入喷油间隔期，先导放热率减慢，缸温降低；主喷射阶段，由于预喷率 Q_{PI}的增加，相应主喷燃油率 Q_{IN}减少，主燃期的燃烧速率逐渐减缓，放热率峰值降低，缸温峰值也随之减小。

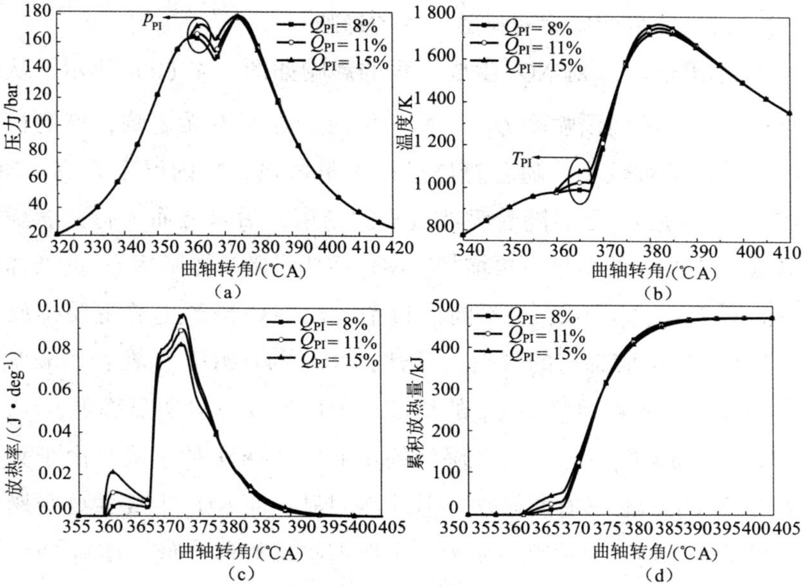

图 7.3　不同预喷率 Q_{PI} 对燃烧特性的影响

(a) 缸内平均压力；(b) 缸内平均温度；(c) 瞬时放热率；(d) 累积放热量

如图 7.3 (c) 所示瞬时放热率曲线，随着预喷率 Q_{PI}的增大，燃烧始点略有提前，先导放热期的放热速率加快；主燃期的放热率峰值，随着主喷率 Q_{IN}的减小而降低。与单次喷射的放热率相比，多次喷射在整个燃烧的前期，存在一个明显的先导放热过程，这是预喷率的引燃作用。其放热快慢程度，与预喷率 Q_{PI}有直接的关系，这一初期放热过程，可以缩短主喷燃油的滞燃期，对主燃期的燃烧有一定促进作用。在保证总喷油量相同的前提下，预喷

率 Q_{PI}越大，主喷率 Q_{IN}就越小，导致主燃期的放热率峰值减小，缸内平均温度降低。这可有效降低 NO_x 的排放。从图 7.3（d）所示的累积放热量可以看出：预喷率 Q_{PI}的增大使初期先导放热量增多，着火滞燃期缩短，燃烧始点提前，放热重心略有前移，燃烧持续期延长。

7.1.2 不同预喷率对排放特性的影响

不同预喷率 Q_{PI}对 NO_x 生成历程的影响如图 7.4（a）所示，从图中可以看出：不同预喷率 Q_{PI}对 NO_x 生成始点基本无影响，燃烧初期 NO_x 生成量相对较小。随着燃烧过程大量放热，缸内温度升高，NO_x 生成量极速增加，之后随着喷油过程的结束，活塞继而下行，燃烧温度降低，使 NO_x 的总量不再增加。NO_x 生成量随着预喷率 Q_{PI}的增加而减少。图 7.4（b）所示为不同预喷率对缸内燃烧产生的主要排放物 NO_x 与 SOOT 生成总量的影响，可知，NO_x 与 SOOT 存在："trade - off" 的关系，随着预喷率 Q_{PI} 的增加，NO_x 生成总量明显降低，Q_{PI} = 15% 较 Q_{PI} = 8% 的 NO_x 比排放降低约 4.1%，SOOT 的生成量由于数量级远小于 NO_x，总量有所增加，但并不明显；而 NO_x 生成主要受燃烧放热的温度影响，而预喷率变大，主燃期缸温峰值降低，使得 NO_x 生成量有所减少。

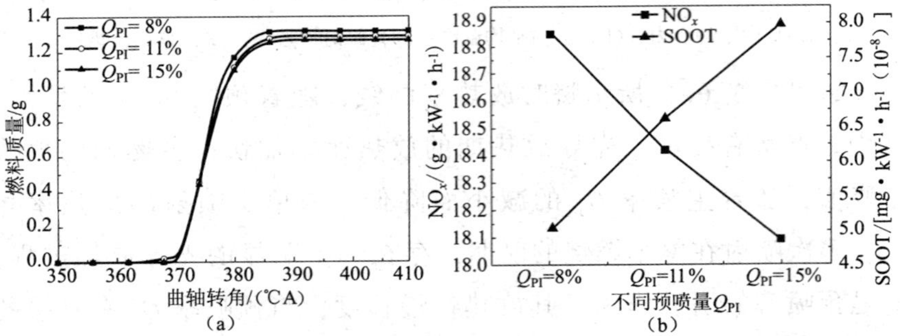

图 7.4 不同预喷率 Q_{PI}对排放的影响

（a）NO_x 生成历程；（b）主要排放物生成总量

7.1.3　不同预喷率对综合性能的影响

不同预喷率 Q_{PI} 对做功、最大压升率的影响如图7.5（a）、（b）所示，从图中可知：预喷率 Q_{PI} 的增加，造成柴油机的做功能力略有降低，但最大压升率降低明显，下降最大幅度达到27.4%，可以有效缓解整机工作的粗暴程度，对活塞和缸盖等的使用寿命也是有利的，同时能够降低燃烧噪声，工况环境得以提升。

由图7.5（c）可知，指示功率随着预喷率的增加而有所降低，燃油消耗率随着预喷率的增加而升高。Q_{PI} 由8%增加至15%，指示功率下降约0.2%，指示燃油消耗率上升约0.19%。从功率、油耗以及排放这三方面进行综合评价，可知 NO_x 的下降与燃油消耗的升高和指示功率的下降呈现出“trade－off”的关系，而预喷率对 NO_x 比排放的影响程度远大于对指示功率和燃油消耗的影响，在保证内燃机所需功率得到满足的前提下，燃油消耗的略微增加可在一定程度上降低 NO_x 的排放。

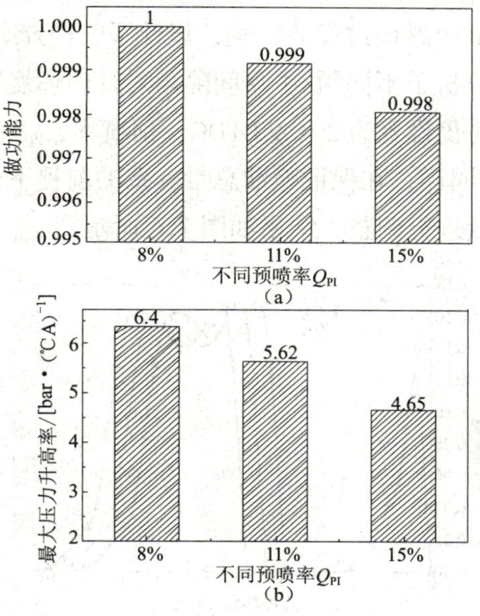

图7.5　不同预喷率 Q_{PI} 对综合性能的影响

（a）做功能力；（b）最大压升率

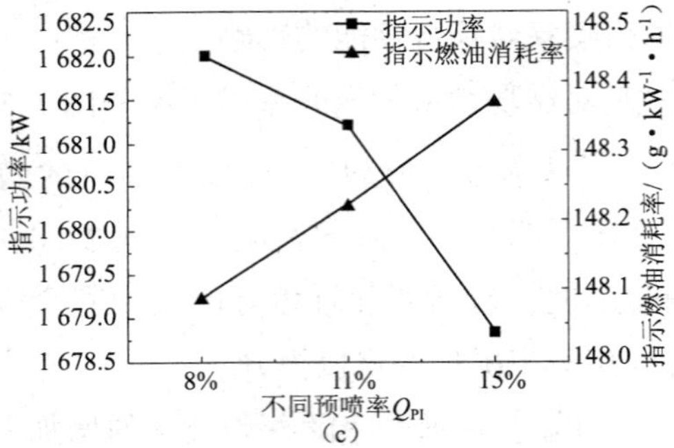

图 7.5　不同预喷率 Q_{PI} 对综合性能的影响（续）

（c）动力性能、经济性能影响

7.2　不同预/主喷间隔角对船用柴油机性能的影响

本书研究预/主喷间隔角 θ（预喷终点时刻到主喷始点时刻所经历的曲轴转角）对缸内燃烧过程的影响，设计了三种方案，即 θ = 3 ℃A、4 ℃A 和 5 ℃A，分析了不同预/主喷间隔角对缸内燃烧特性与排放的影响规律。预喷定时仍设置为 2 ℃A BTDC，预喷率 Q_{PI} 均为 8%，预喷持续期为 4.5 ℃A；同样，在保证喷油总量一致的前提下，对三种方案喷油规律的质量流量进行调整，结果如图 7.6 所示。

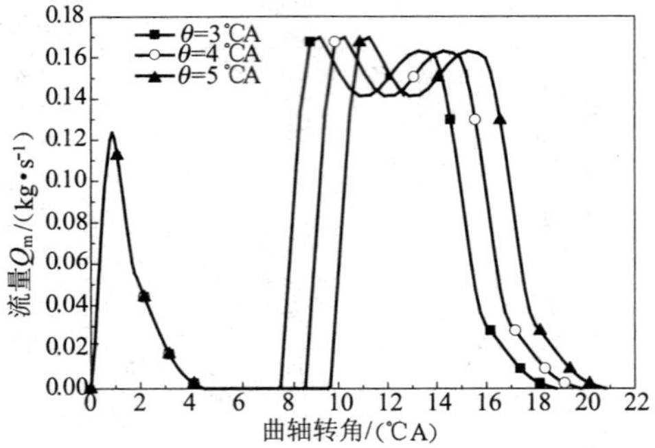

图 7.6　不同预/主喷间隔角对应的喷油规律

7.2.1　不同预/主喷间隔角 θ 对燃烧性能的影响

图 7.7 所示为不同预/主喷间隔角 θ 对燃烧特性的影响。由图可见预/主喷间隔角 θ 对于压缩压力基本没有影响，爆发压力随着 θ 的增加而降低。如图 7.7（a）所示，这是因为随着 θ 的增加，主喷始点向后推迟，主喷始点出现的时刻就越晚。而此时活塞下行，气体膨胀，压力和温度降低，滞燃期延长，因此燃油燃烧速率较慢，爆发压力降低。由图 7.7（b）所示缸内平均温度变化可知：预/主喷间隔角 θ 对于压缩终点温度基本没有影响，缸温峰值会随着 θ 的增加而降低。因为 TDC 之后，由于预喷率引起先导放热，使缸温略有上升；而预/主喷间隔角 θ 越大，主喷期的喷油正时就越晚，滞燃期延长，燃烧速率减缓，主燃期的燃烧始点推迟，放热重心后移，因此缸温峰值降低。

图 7.7（c）、(d）所示分别为不同预/主喷间隔角 θ 对缸内燃烧放热过程的影响。由图可见不同预/主喷间隔角 θ 对于缸内瞬时放热率与累积放热量的影响较为明显：相同的预喷率使燃烧前期的先导放热率基本相同，而随着预/主喷间隔角 θ 的增大，燃烧始点推迟，放热重心后移，放热率峰值降低且燃烧持续期稍有延长。由于预喷定时相同，因而预/主喷间隔角 θ 决定主喷定时的大小；随着 θ 的增加，主喷定时推后，主喷阶段燃油进入缸内参与燃烧反应的时刻晚，致使主燃期燃烧始点推迟，初期放热速率基本一致，但主喷着火滞燃期的延长，使放热重心后移；同时活塞下行，燃烧环境变差，燃烧放热速率减缓，是放热率峰值降低的主要原因。

7.2.2　不同预/主喷间隔角 θ 对排放性能的影响

由图 7.8（a）所示的 NO_x 生成历程曲线可以看出：随着预/主喷间隔角 θ 的增加，NO_x 生成历程趋势相同，但生成始点后移，生成量减少；主喷定时的推迟，影响了整个燃烧放热过程，缸温是造成 NO_x 生成始点和生成量不同的主要原因。由图 7.8（b）所示的 NO_x 与 SOOT

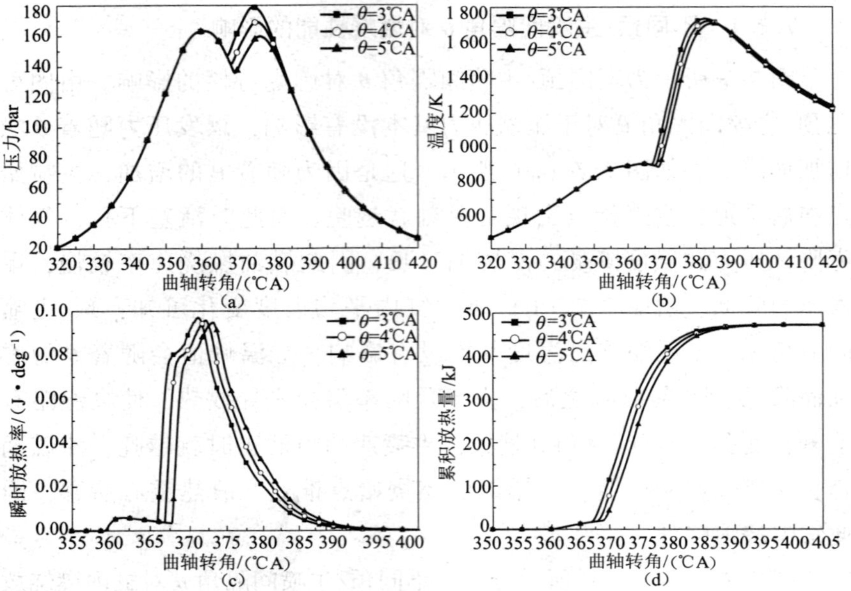

图 7.7　不同预/主喷间隔角 θ 对燃烧特性的影响

(a) 缸内平均压力；(b) 缸内平均温度；(c) 瞬时放热率；(d) 累积放热量

生成总量图可知：随着预/主喷间隔角 θ 的增加，NO_x 的排放明显降低，预/主喷间隔角 θ 每推迟 1 ℃A，NO_x 的比排放可降低约 5.3%，而 SOOT 排放虽有所增加，但因其增加量只有 3 mg/(kW·h)，所以总量的变化并不明显。

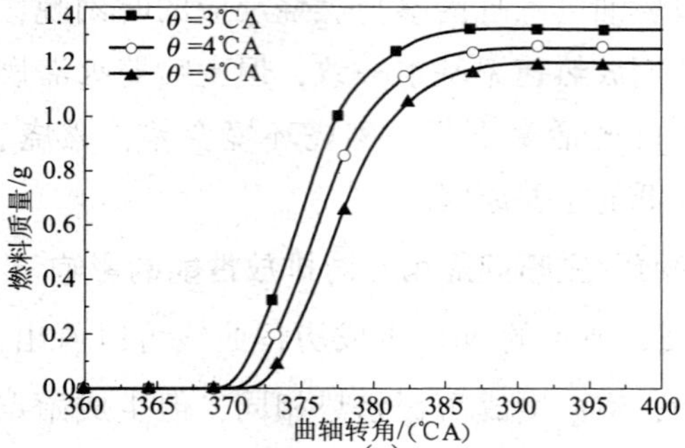

(a)

图 7.8　不同预/主喷间隔角 θ 对排放的影响

(a) NO_x 生成历程

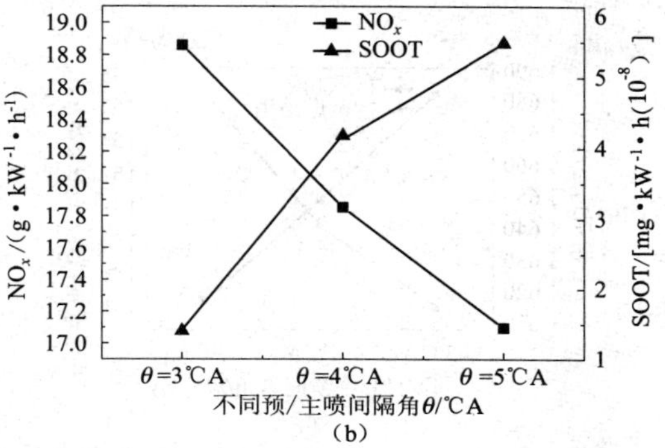

（b）

图 7.8　不同预/主喷间隔角 θ 对排放的影响（续）

（b）排放物生成总量

7.2.3　不同预/主喷间隔角 θ 对综合性能的影响

不同预/主喷间隔角 θ 对做功和压升率的影响如图 7.9（a）、（b）所示，从图中可知：随着预/主喷间隔角 θ 的增加，做功能力有所降低，但下降程度要明显于预喷率对其的影响；预/主喷间隔角 θ 每增加 1 ℃A，做功能力降低约 2%，最大压升率下降近 12.3%，可预测较大的预/主喷间隔角能够使整机工作过程相对柔和，有效降低振动和燃烧噪声。

不同预/主喷间隔角 θ 对柴油机的动力性、经济性的影响如图 7.9（c）所示，从图中可知：随着预/主喷间隔角 θ 的增加，指示功率降低，消耗率升高；预/主喷间隔角 θ 每推迟 1 ℃A，指示功率将下降约 1.92%，指示燃油消耗率上升近 2.07%；预/主喷间隔角 θ 较预喷率对于发动机功率、油耗的影响趋势一致，但前者对于整机综合性能的影响程度更为显著。

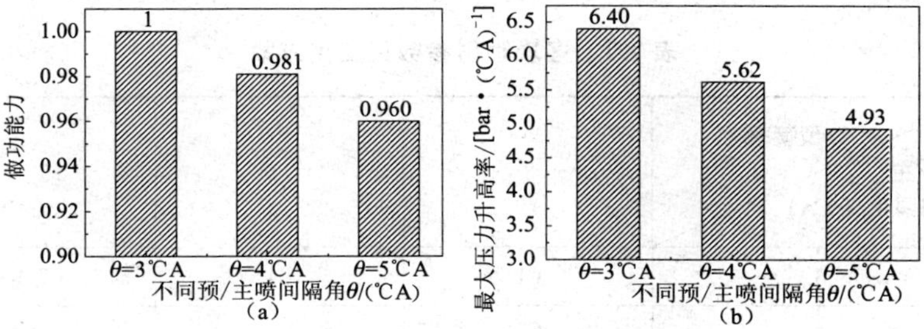

图 7.9　不同预/主喷间隔角 θ 对综合性能的影响

（a）做功能力；（b）最大压升率

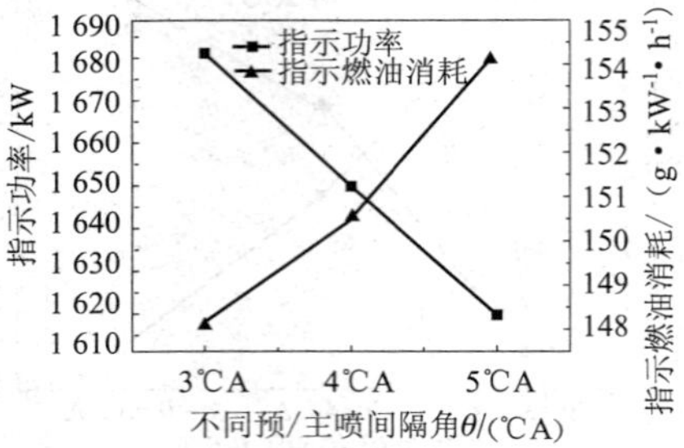

（c）

图 7.9　不同预/主喷间隔角 θ 对综合性能的影响（续）

（c）动力性能、经济性能影响

7.3　多次喷射影响参数正交化数值分析

7.3.1　多次喷射参数正交化方案的确定

上文中对多次喷射的两个重要参数（预喷率和预/主喷间隔角）进行了单一变量分析，结果表明：预喷率 Q_{PI} 与预/主喷间隔角 θ 均对燃烧过程、排放特性等产生不同程度的影响；本节在之前研究的基础之上，将多次喷射的这两个参数进行正交优化，具体方案如表 7.1 所示，将其组成的不同 9 种工况下所得到的综合性能指标进行数值分析，目的是寻找到一组最佳的参数组合，在有效降低排放物生成总量的同时又能保证满足柴油机动力性与经济性的要求。

表 7.1　多次喷射参数正交化方案

预/主喷间隔角/(℃A) \ 预喷率/%	8	11	15
3	C1	C4	C7
4	C2	C5	C8
5	C3	C6	C9

7.3.2　多次喷射参数正交化对船用柴油机性能影响的数值分析

如图7.10（a）所示为9种不同方案对柴油机指示功率的影响。在三种不同预喷率各自保持不变的前提下，随着预/主喷间隔角的增加，指示功率均呈明显下降的趋势；当预喷率 $Q_{PI}=11\%$ 时，θ 每推迟1 ℃A，指示功率下降的程度最高，达到近1.95%；而预喷率 $Q_{PI}=15\%$ 时，θ 每推迟1 ℃A，功率下降程度最低，约为1.47%，所以应选择较大的预喷率与较小的预/主喷间隔角的组合，来保证柴油机的动力性能；而在三种预/主喷间隔角保持不变时，预喷率的增加对功率的影响表现不一：在 $\theta=3$ ℃A 时，指示功率随着预喷率的增加而降低，且程度并不明显；当 $\theta=4$ ℃A、5 ℃A 时，功率随着预喷率的增加先降低而后又升高，说明 θ 对柴油机动力性能的影响要明显于预喷率。

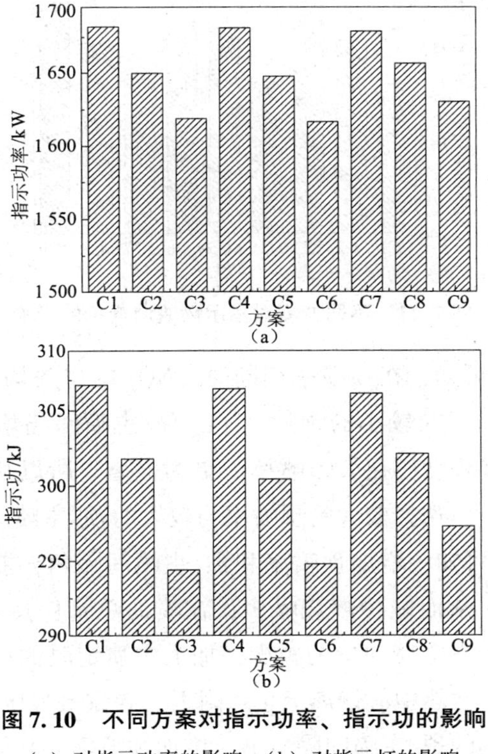

图7.10　不同方案对指示功率、指示功的影响

（a）对指示功率的影响；（b）对指示灯的影响

预喷率与预/主喷间隔角对柴油机做功能力的综合影响与对指示功率影响相对应，如图 7. 10（b）所示。从做功能力方面进行评价，较大的预喷率会使主喷燃油的总量减少，造成主燃期燃烧速率减缓，热效率下降；预/主喷间隔角的延迟，使主喷阶段滞燃期较长，燃烧中心偏离上止点较远，整机做功能力下降，所以从做功能力方面进行评价，应选择较大的预喷率与小的预/主喷间隔角的喷油策略。

柴油机功率的升高与燃油消耗率的下降呈“trade - off”的关系，单从燃油经济性方面考虑，如图 7. 11 的结果所示，选择较小的预喷率以及预/主喷间隔角有助于提高柴油机的经济性能。

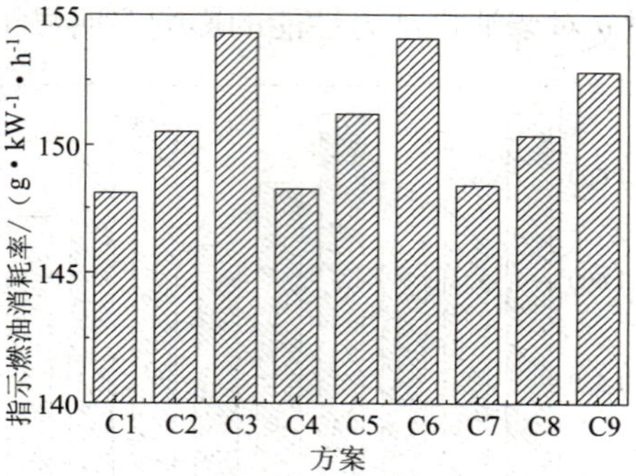

图 7. 11　不同方案对指示燃油消耗率的影响

从图 7. 12 可知，在预喷率相同时，NO_x 的排放均随预/主喷间隔角的推迟而降低；在较小的预喷率下，预/主喷间隔角每增加 1 ℃A，NO_x 的排放下降程度比在大预喷率下更为显著。所以从降低柴油机排放的角度分析，应选择较大的预喷率与较大的预/主喷间隔角的组合。

由图 7. 13 可知，增加预喷率和预/主喷间隔角，能够有效降低最大压力升高率，从而减少燃烧噪声；在喷油总量保持不变的前提下，大的预喷率会带来主喷油量的减少，加上主喷定时的推迟，使燃烧的剧烈程度降低，放热中心偏离上止点附近，导致最大压升率明显下降；另一方面，在小的预/主喷间隔角下，增加预喷率，其最大压升率降低的程度更加明显，所以从降低燃烧噪声，优化整机工作环境的角度考虑，应选择大的预喷率与小的预/主喷间隔角组合的多次喷射。

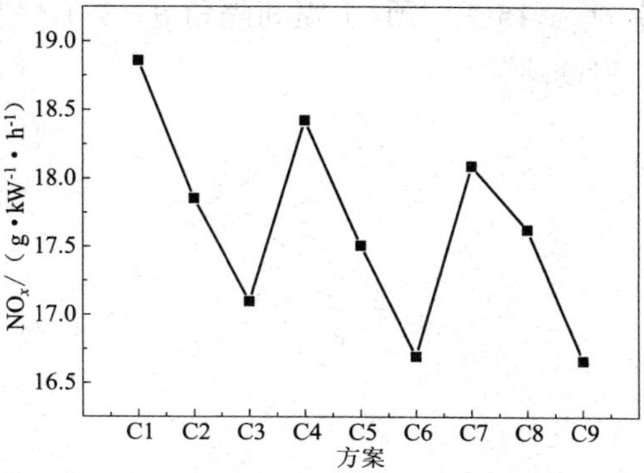

图 7.12　不同方案对 NO_x 排放的影响

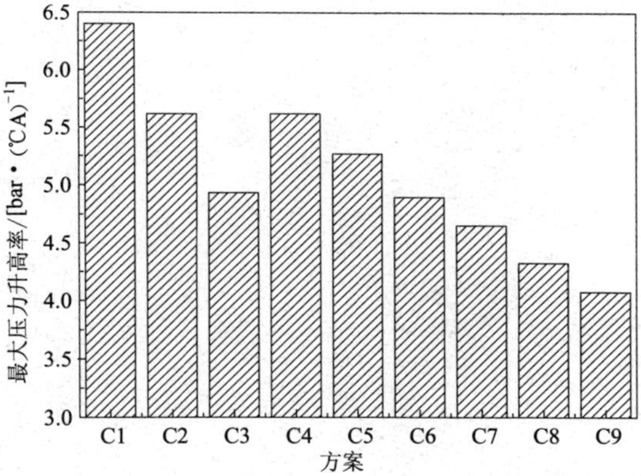

图 7.13　不同方案对最大压升率的影响

综合本机的动力性、经济性、排放性能以及降低燃烧噪声方面考虑，预/主喷间隔角较小时的综合性能指标较为良好，所以选择 θ = 3 ℃A 作为多次喷射最为合适的预/主喷间隔角；首先，从有效降低柴油机 NO_x 的角度分析，C4 与 C7 方案较好；其次，从保证柴油机动力性与燃油经济性的角度考虑，方案 C7 与 C1 较为理想；最后，考虑降低整机燃烧噪声，C7 方案的效果较好。因此，综合上述分析，为了达到有效降低排放物生成总量与燃烧噪声，同时，又能保证柴油机动力性与经济性满足设计要求的目的，在多次喷射的 9 种方案中，优选 C7 方案，即预喷率 $Q_{PI}=15\%$，预/主喷间隔角 $\theta=3$ ℃A 为适合本研究机型最佳的多次喷射策略。

第 8 章　喷油器参数对船用低速柴油机燃烧过程的影响

本章主要研究喷孔个数、喷孔夹角、喷孔喷射方向及喷孔布置方式等喷油器参数对船用低速二冲程柴油机喷雾和燃烧过程的影响，并分析对柴油机燃烧和排放性能的影响规律。

8.1　喷孔个数对船用低速柴油机燃烧过程的影响

喷孔个数是船用低速机喷油器的一个重要参数，对于循环喷油量一定且流通面积基本相等的喷油器，由于喷孔个数不同，影响燃油的蒸发雾化质量，进而对燃烧过程和排放物的生成产生影响。

本节在循环喷油量一定且流通面积基本相等的情况下，选取了三种喷孔个数分别为3、4、5的喷油器进行了模拟计算，研究喷油器喷孔个数对船用低速二冲程柴油机喷雾和燃烧过程的影响，并分析对燃烧和排放性能的影响规律。具体计算方案如表8.1所示。

表8.1　喷孔个数计算方案

方案	孔数/个×孔径/mm	总流通面积/mm^2
case1	3×0.98	4.526
case2（原机）	4×0.85	4.540
case3	5×0.76	4.536

8.1.1　喷孔个数对缸内液态燃油量的影响

图8.1所示为缸内液态燃油量随曲轴转角的变化曲线。由图可知，随着喷孔个数的增加，缸内液态燃油量变少；首先在滞燃期阶段，液态燃油量迅速上升至峰值，不同孔数下的液态燃油量相差较大，最大相差0.34 g；接着在预混燃烧结束后，由于缸内温度、压力陡然上升，液态燃油快速蒸发物化，燃油量快速下降，随后由于扩散燃烧的进行，液态燃油量呈上下波动状态，而且三者液态燃油量的差距缩小；最后在喷油过程结束后，随着扩散燃烧的持续进行，液态燃油量急速下降，直至燃烧结束后不同孔数下的液态燃油量均趋近于零。这表明：喷孔个数增加，缸内液态燃油量减少，燃油蒸发雾化速度加快；特别在滞燃期内，喷孔个数对燃油蒸发量的影响较大。

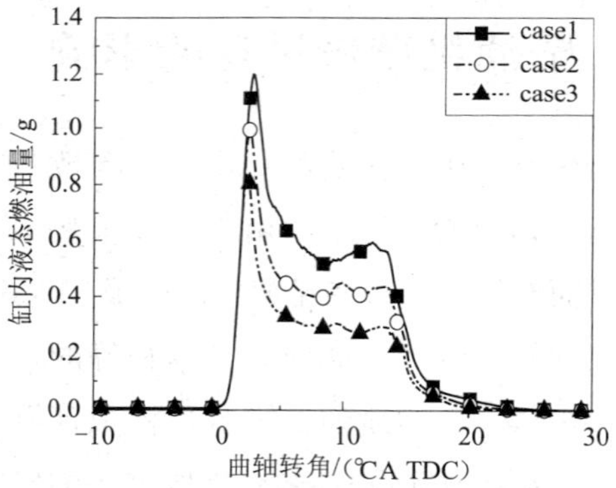

图8.1　缸内液态燃油量随曲轴转角变化的曲线

8.1.2　喷孔个数对缸内燃油、温度及 NO_x 分布的影响

图8.2～图8.4所示分别为三种不同喷孔个数下不同时刻，在喷油器喷孔所在横截面（$z=26$ mm）处的缸内燃油分布计算结果。由362 ℃A时缸内燃油分布的比较可知，在燃油喷射初期，case3的燃油蒸气浓度最高，而case1的最低；此外，case3的燃油蒸气与喷孔之间的距离最近，case1的燃油蒸气距离喷孔最远，这是因为随着孔数增加，孔径减小，喷出的油束更早地破碎成油滴，蒸

发雾化速度更快、质量更好，所以 case3 的燃油蒸气浓度最高、贯穿距最短，这也有利于利用喷油器附近的空气。由 374 ℃A 时缸内燃油分布的比较可知，燃油喷射末期，case3 的燃油浓度最低，而 case1 的最高，这是因为随着喷油器喷孔个数增加，燃油雾化质量更好，更易于形成大量可燃混合气，使扩散燃烧的速度更快，消耗了更多的可燃混合气，所以燃油浓度就相应降低。此外，case3 的燃油蒸气前端扩散的区域最远，case1 的扩散区域最近，这是因为 case3 燃油蒸气的浓度更低，前端更容易被缸内涡流带到更远的区域。

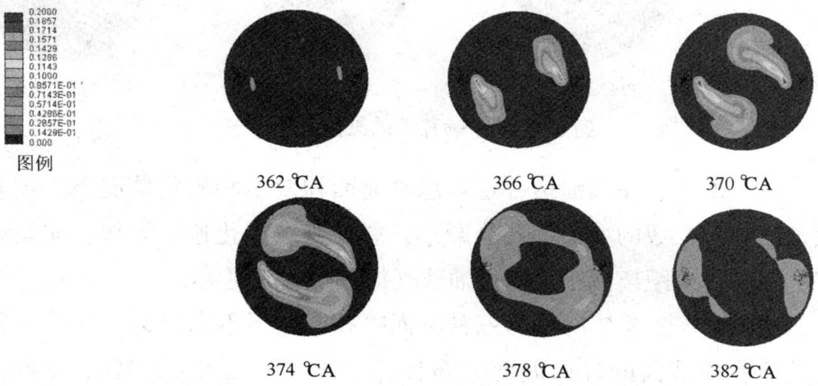

图 8.2　3 个喷孔下的缸内燃油分布

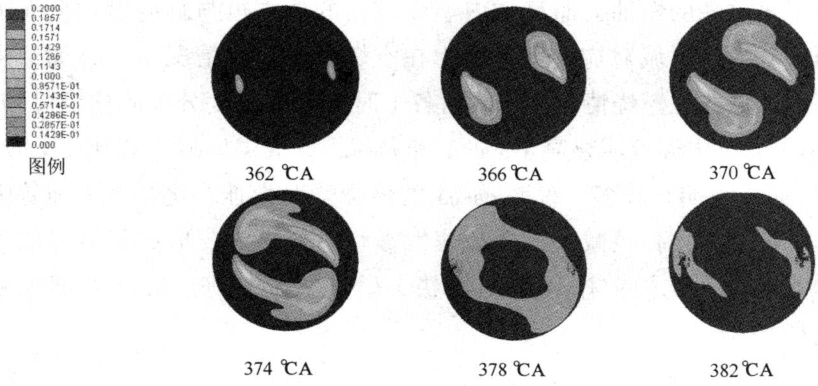

图 8.3　4 个喷孔下的缸内燃油分布

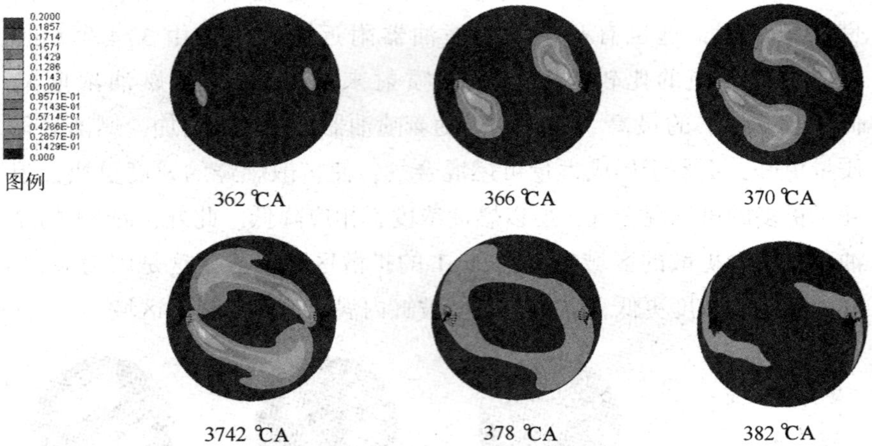

图 8.4　5 个喷孔下的缸内燃油分布

综上所述，在喷油量一定，总流通面积基本相同的情况下，随着喷油器喷孔个数的增加，孔径减小，燃油蒸发雾化速度更快、质量更好；油束贯穿距离减小，但燃油蒸气扩散的区域更远。

图 8.5 ~ 图 8.7 所示为三种不同喷孔个数下不同时刻，在喷油器喷孔所在横截面的缸内温度分布计算结果。由图可知，温度分布的最前端位置略微领先于燃油分布的最前端，这是因为火焰前锋面消耗了最前端的燃油，而且缸内温度较高的地方也与缸内燃油分布的前端高浓度区域对应，这是因为在空燃比一定的情况下，燃油浓度高的区域往往燃烧情况较好。由各个时刻缸内温度分布的比较可知，case3 的缸内温度明显高于 case1 和 case2，“高温区域”相比于 case1 和 case2 也明显较多，说明 case3 的燃烧情况最佳，这是因为随着喷孔个数增加，孔径减小，燃油蒸发雾化质量更好，形成了更多的可燃混合气，使扩散燃烧速率更快，燃烧情况更好，缸内温度也就更高。

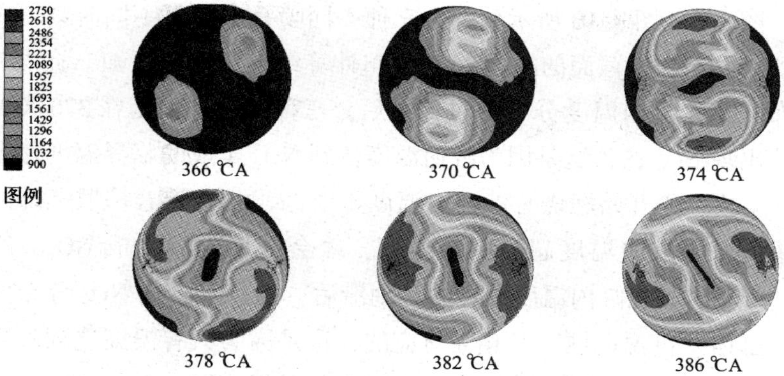

图 8.5　3 个喷孔下的缸内温度分布

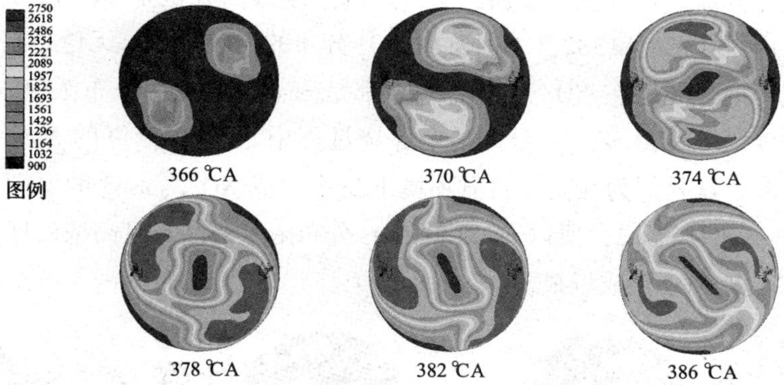

图 8.6　4 个喷孔下的缸内温度分布

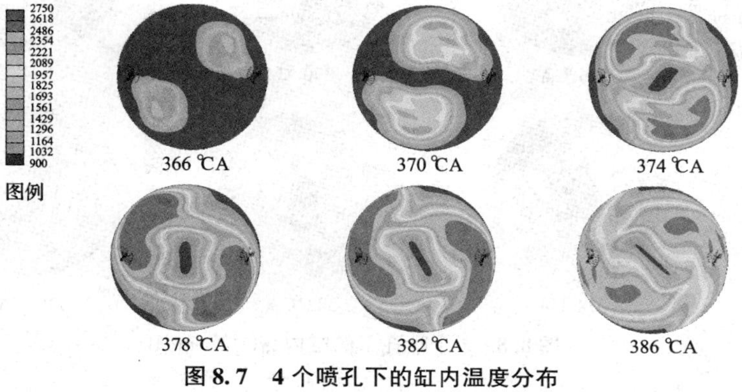

图 8.7　4 个喷孔下的缸内温度分布

图 8.8 ~ 图 8.10 所示分别为三种不同喷孔个数下不同时刻，在喷油器喷孔所在横截面的缸内 NO_x 分布计算结果。由图可知，缸内 NO_x 分布时刻比缸内温度分布的时刻滞后，三种情况下都是在 370 ℃A 前后才出现 NO_x 的，这是因为缸内温度达到 NO_x 生成的临界温度才会有 NO_x 生成，刚开始燃烧时，缸内温度不够高，只有随着扩散燃烧的持续进行，当缸内温度超过临界温度，才会开始大量生成 NO_x，所以 NO_x 分布时刻比缸内温度分布的时刻滞后。而且，缸内 NO_x 分布的区域与缸内“高温区域”是相互对应的，这是因为只有温度达到临界温度以上才易于生成 NO_x，而且温度达到临界温度以上后，NO_x 生成量随温度升高呈指数函数增加，所以缸内温度最高处也是 NO_x 浓度最大处。由 370 ℃A 和 382 ℃A 时缸内 NO_x 分布的比较可知，无论是在 NO_x 生成初期，还是在 NO_x 生成后期，都是 case3 的 NO_x 分布浓度最高，高浓度区域也最多，说明在整个燃烧过程中，case3 最终的 NO_x 生成量最多，这是因为在高温富氧环境下易于生成 NO_x，case3 的温度明显高于 case1、case2，所以 case3 的 NO_x 分布浓度最高，且高浓度区域最大，因此 NO_x 生成量最多。

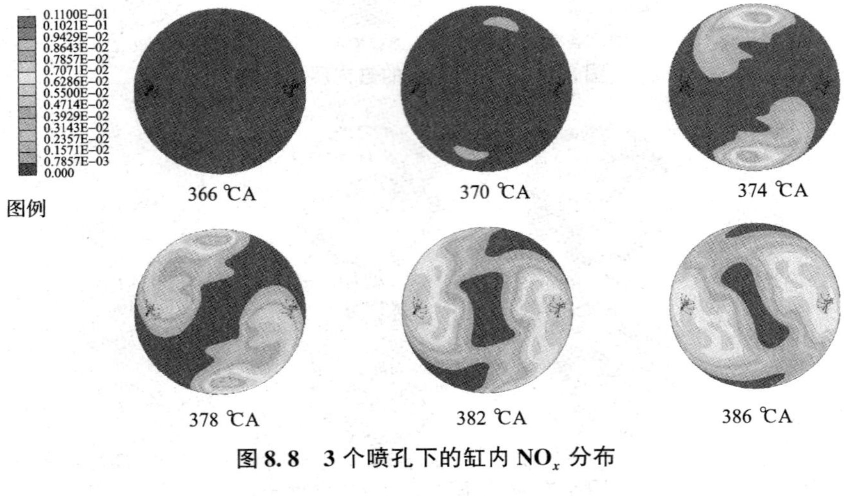

图 8.8　3 个喷孔下的缸内 NO_x 分布

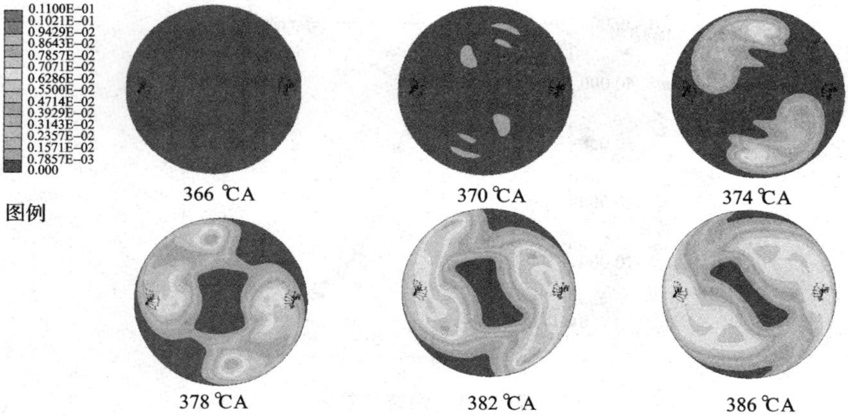

图 8.9　4 个喷孔下的缸内 NO_x 分布

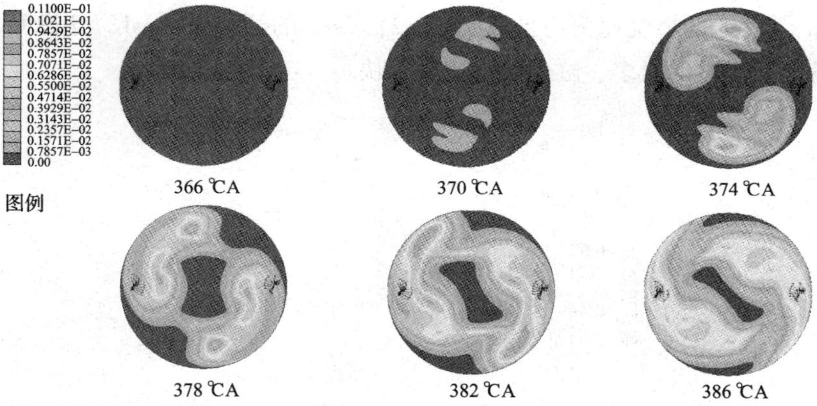

图 8.10　5 个喷孔下的缸内 NO_x 分布

8.1.3　喷孔个数对放热率和缸内平均压力的影响

图 8.11 所示为不同喷孔个数下的放热率曲线对比图。由图可知，case3 的放热率上升速率最快，放热率峰值最高；case1 的上升速率最慢，峰值最低；这说明随着喷油器喷孔个数增加，放热率上升速率变快、放热率峰值升高。这是因为随着孔数的增加，孔径减小，燃油雾化质量更好，形成了更多的可燃混合气，同时燃烧的混合气增多，放热率上升速率加快，放热率峰值升高。

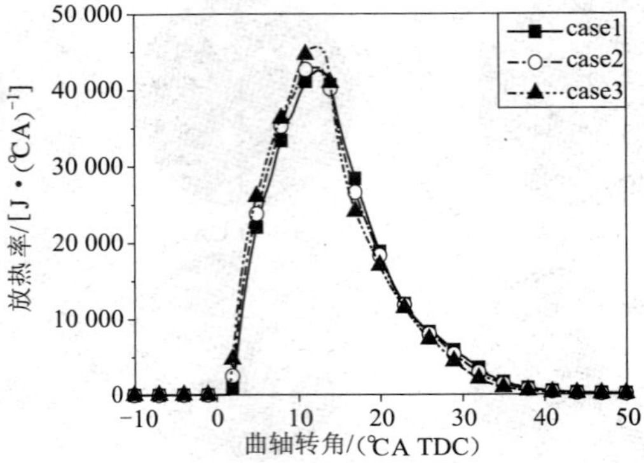

图 8.11　燃烧放热率

图 8.12 所示为不同喷孔个数下的累积放热率曲线对比图。由图可知，case3 的燃烧速率明显高于 case2，case2 的又高于 caes1，这说明随着喷孔个数的增多，缸内燃烧速率加快。

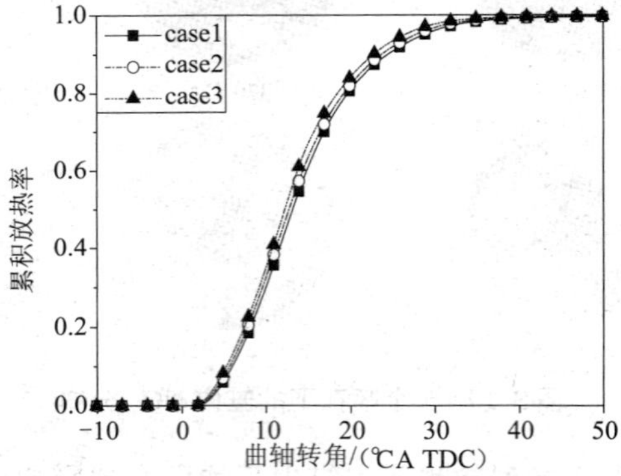

图 8.12　累积放热率

图 8.13 所示为不同喷孔个数下的缸内平均压力曲线对比图。由图可知 case3 的压力上升速率最快，爆发压力最高，而 case1 的上升速率最慢，爆发压力最低，这说明随着喷孔个数增多，缸内压力上升速度变快，爆发压力升高。根据对放热率曲线的分析，随着喷孔个数的增加，同时燃烧的混合气增多，所以压力上升速率更快，而且爆发压力升高。

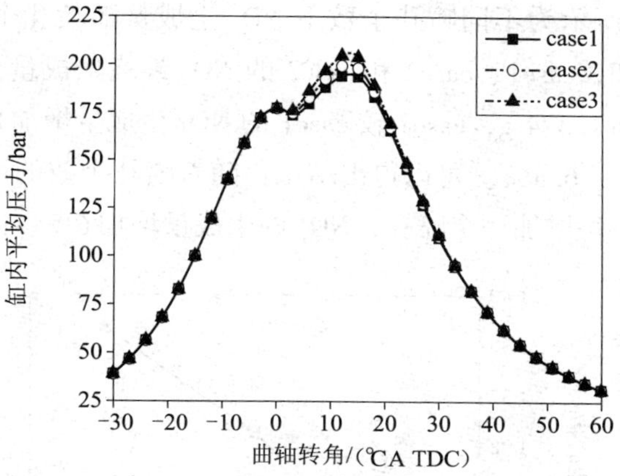

图 8.13　缸内平均压力

8.1.4　喷孔个数对缸内平均温度和 NO_x 生成量的影响

图 8.14 所示为不同喷孔个数下 NO_x 生成量随缸内温度变化的曲线对比图。由图可知，case3 的缸内平均温度最高，而且 NO_x 生成量最多，case1 的缸内平均温度最低，NO_x 生成量也最少，说明随着喷孔个数增加，缸内平均温度升高，NO_x 生成量增多，这是因为随着喷孔个数的增加，燃烧情况变好，缸内温度相应升高，温度的升高导致 NO_x 的生成量增多。

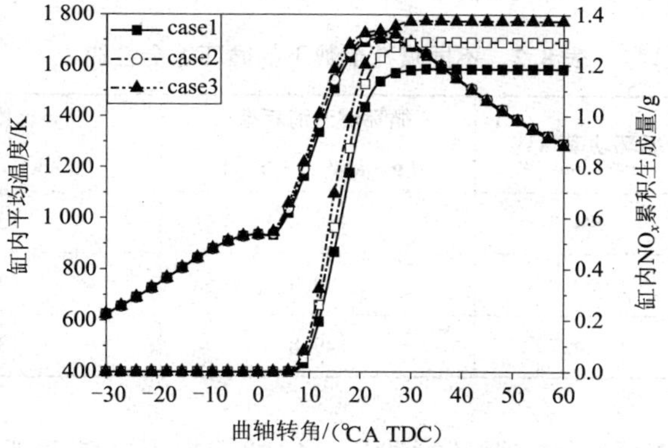

图 8.14　NO_x 生成量随缸内温度变化曲线

图 8.15 所示为不同喷孔个数下 NO_x 生成量随喷孔个数变化的曲线。由图可知，case1、case2 和 case3 的 NO_x 最终生成量分别为 1.185 g、1.291 g 和 1.374 g，case2 较 case1 的 NO_x 生成量增加 8.9%，case3 较 case2 升高了 6.4%。可以得出结论：随着喷孔个数的增加，NO_x 的生成量增加，每增加一个喷孔，NO_x 的生成量增加 6%～9%。

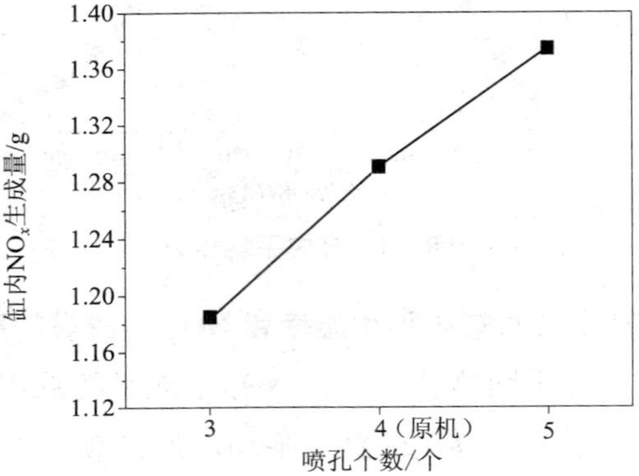

图 8.15 NO_x 生成量随喷孔个数变化曲线

8.1.5 喷孔个数对综合性能的影响

下面计算了在不同喷油器喷孔个数下的缸内喷雾和燃烧过程，得到了 285～470 ℃A 部分的循环综合性能，具体如表 8.2 所示。

表 8.2 不同喷孔个数下的循环综合性能

方案	循环功率/kW	循环燃油消耗率/($g \cdot kW^{-1} \cdot h^{-1}$)	比排放/($g \cdot kW^{-1} \cdot h^{-1}$)
case1	1 944.3	151.8	12.0
case2	1 962.2	150.9	13.0
case3	1 974.7	149.8	13.7

由表 8.2 可知，在循环喷油量一定的前提下，随着喷孔个数的增加，柴油机的循环功率上升，case2 的循环功率比 case1 提高了 0.9%，

case3 又比 case2 提高了 0.6%；从循环燃油消耗率上来看，随着孔数的增加，循环燃油消耗率降低，case2 比 case1 降低了 0.6%，case3 又比 case2 降低了 0.7%；从比排放上来看，随着孔数的增加，比排放增多，case2 的比排放比 case1 增多了 8.3%，case3 又比 case2 增多了 5.4%。综上所述，随着喷孔个数的增加，循环功率略微提高，循环燃油消耗率略微降低，但比排放明显增多。

8.2　喷孔夹角对船用低速柴油机燃烧过程的影响

喷孔夹角是船用低速柴油机喷油器的一个重要参数，由于喷孔夹角不同，直接影响柴油机缸内的燃油分布及混合气形成，进而对燃烧过程和排放物的生成产生影响。

本节中所述的喷油器共有四个喷孔，详见图 4.1，图 8.16 所示的截面为喷孔轴线所在的且与喷油器轴线平行的面，其中 31°即为喷孔夹角，其定义为喷油器喷孔轴线与表面外法线所夹的锐角。由于保密的原因将原机喷油器的四个喷孔夹角从大到小分别定义为 A_1、A_2、A_3、A_4。

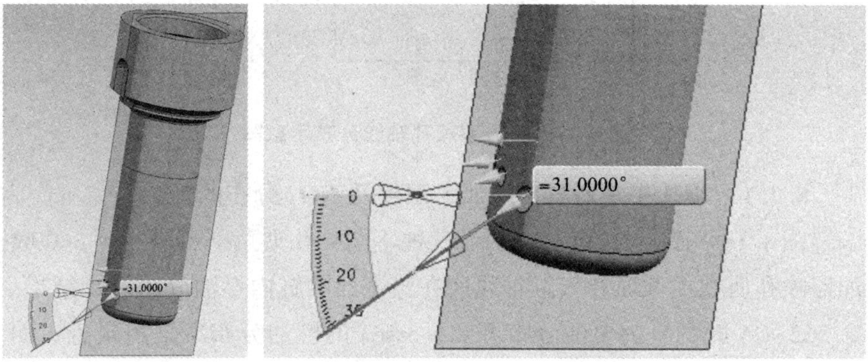

图 8.16　喷孔夹角

本节选取了三种不同喷孔夹角的方案进行模拟计算，研究喷油器喷孔夹角对船用低速二冲程柴油机喷雾和燃烧过程的影响，并分析对燃烧和排放性能的影响规律。具体方案如表 8.3 所示。图 8.17 所示为各方案喷孔轴线分布示意图。

表 8.3　喷孔夹角的计算方案

方案	喷孔夹角（从大到小）/（°）
case1	A_1+5、A_2+5、A_3+5、A_4+5
case2	A_1、A_2、A_3、A_4
case3	A_1-5、A_2-5、A_3-5、A_4-5

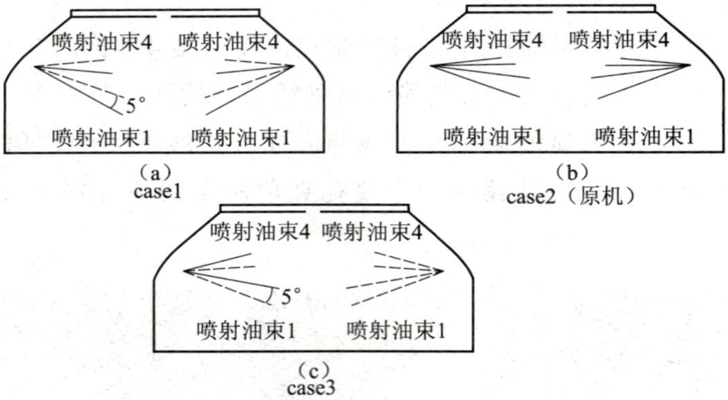

图 8.17　各方案喷孔轴线分布示意图

8.2.1　喷孔夹角对缸内燃油、温度及 NO_x 分布的影响

图 8.18 ~ 图 8.20 所示分别为三种不同喷孔夹角下不同时刻，在喷油器喷孔所在横截面和气缸轴线所在竖截面的缸内燃油分布计算结果。由 362 ℃A 时的缸内燃油分布可知，case3 的燃油分布距缸盖最近，而 case1 距缸盖最远，这说明随着喷油器喷孔夹角减小，燃油蒸气分布距

缸盖更近，这是因为在喷油量一定的情况下，随着喷油器喷孔夹角减小、喷射出的油束更靠近缸盖，油束发生破碎和油滴蒸发雾化的地方离缸盖更近，所以 case3 的燃油分布距缸盖最近。由 374 ℃A 时的缸内燃油分布可知，case3 的燃油分布高浓度区域最少，而 case1 最多，说明随着喷孔夹角减小，燃油分布高浓度区域减少，这是因为随着喷孔夹角减小，燃油蒸气分布距缸盖更近，能更好地利用近缸盖的空气，形成更多的可燃混合气，燃烧情况更好，所以 case3 的燃油分布高浓度区域最少。而且，case3 的燃油蒸气前端扩散的区域最远，而 case1 的最近，这说明随着喷孔夹角的减小，燃油蒸气前端扩散到更远的区域，这是因为 case3 的燃油浓度较低，前端更容易被缸内涡流带到更深远的区域。

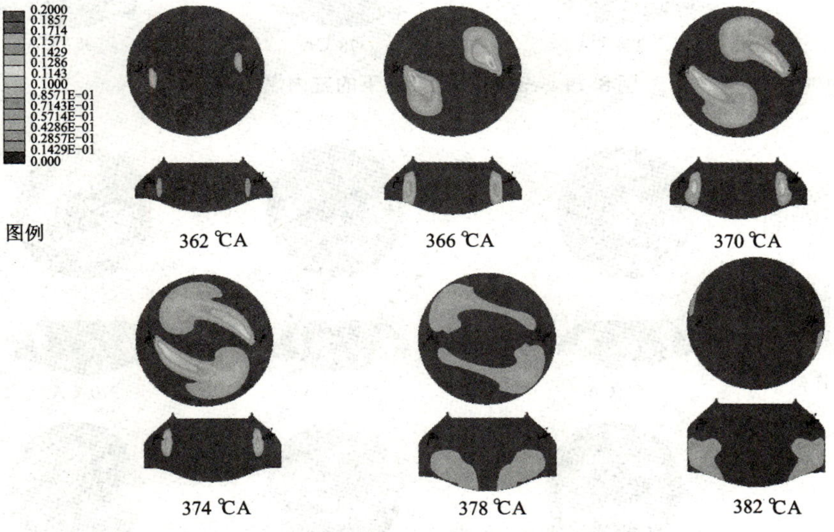

图 8.18　case1 喷孔夹角下的缸内燃油分布

图 8.21 ~ 图 8.23 所示分别为三种不同喷孔夹角下不同时刻，在喷油器喷孔所在横截面和气缸轴线所在竖截面的缸内温度分布计算结果。

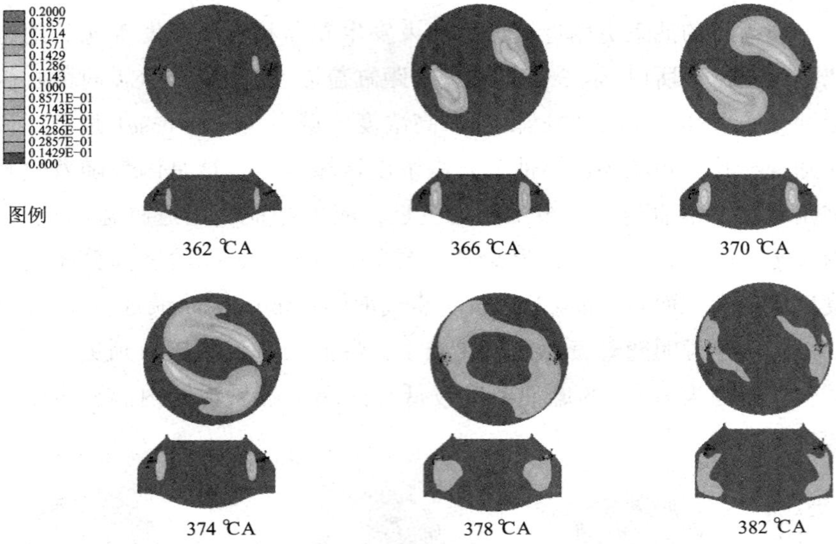

图 8.19 **case2** 喷孔夹角下的缸内燃油分布

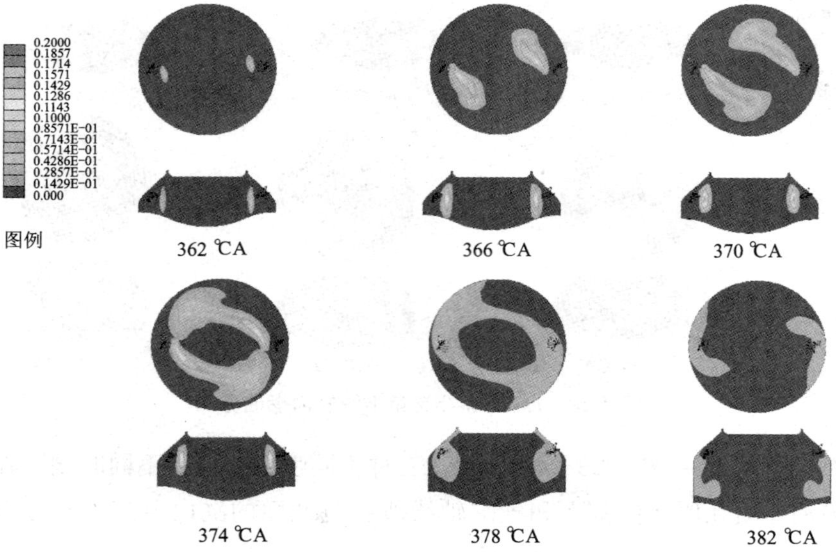

图 8.20 **case3** 喷孔夹角下的缸内燃油分布

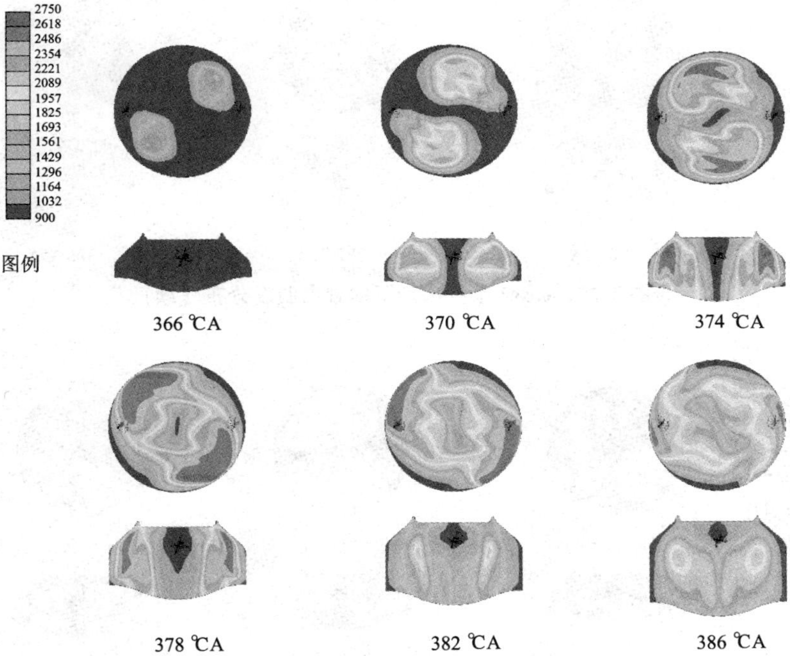

图 8.21　case1 喷孔夹角下的缸内温度分布

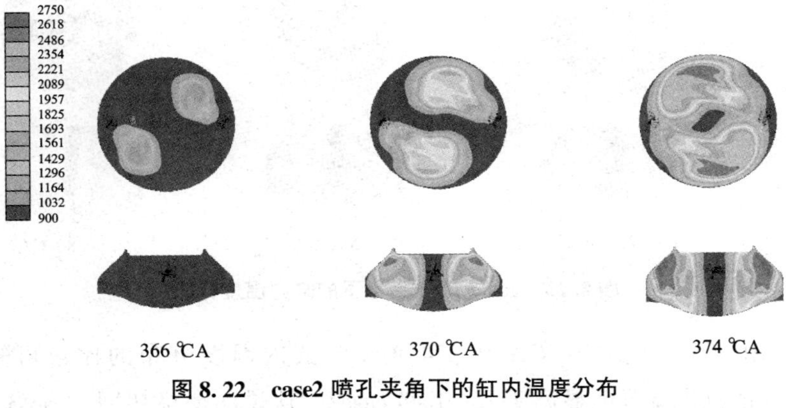

图 8.22　case2 喷孔夹角下的缸内温度分布

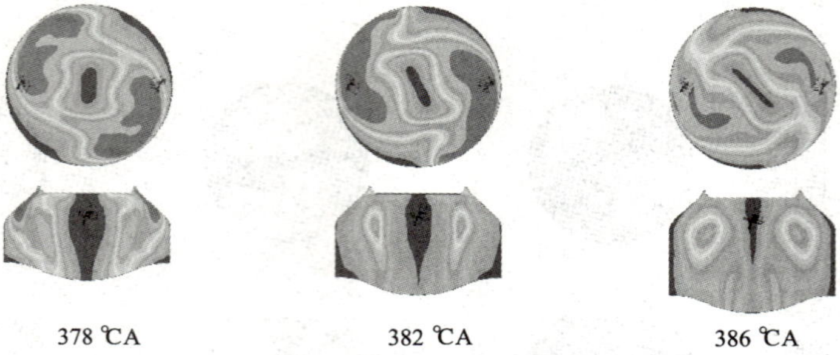

图 8.22　case2 喷孔夹角下的缸内温度分布（续）

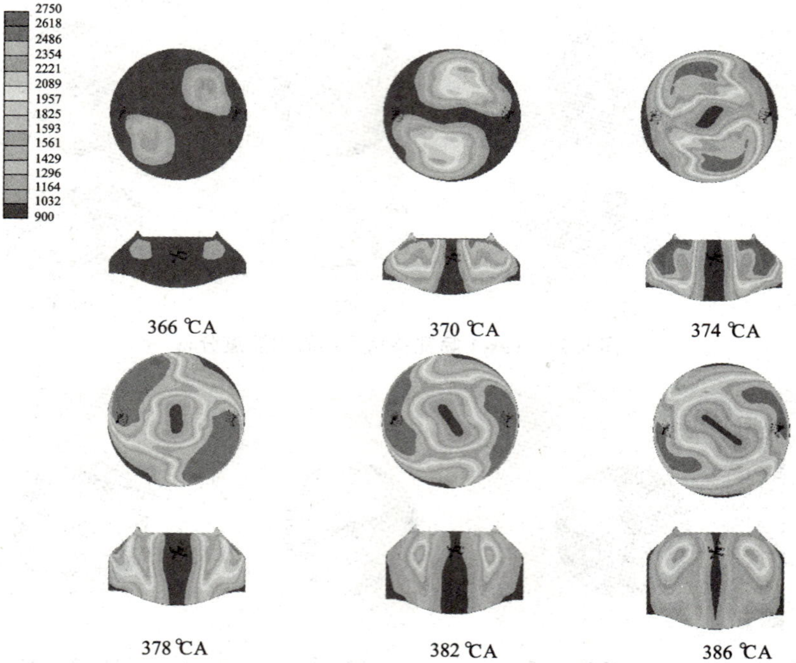

图 8.23　case3 喷孔夹角下的缸内温度分布

由 366 ℃A、370 ℃A 和 374 ℃A 时缸内温度分布的比较可知，case3 的缸内温度明显高于 case1 和 case2，这说明燃烧初期，caes3 的燃烧速率最快，而且 case3 的近缸盖处的温度较高，这是因为随着喷孔夹角的减小，燃油蒸气分布距缸盖更近，能更好地利用近缸盖处的空气，形成更多的可燃混合气，扩散燃烧速率更快，所以 case3 的温度最高，近缸盖处的温度较高。由 382 ℃A 和 386 ℃A 时缸内温度分布的比较可知，case2 的高温区域明显多于 case1，略多于 case3，说明随着燃烧的进行，case2 的燃烧速率最快；由各时刻缸内温度分布的比较可知，case3 的未燃区域最多，case1 的最少，这说明随着喷孔夹角的减小，缸内未燃区域增多。

图 8. 24 ~ 图 8. 26 所示分别为三种不同喷孔夹角下不同时刻，在喷油器喷孔所在横截面的缸内 NO_x 分布计算结果。由 374 ℃A 和 378 ℃A 时缸内 NO_x 的分布可知，case3 的 NO_x 分布浓度最高，case2 其次，而 case1 最低，且高浓度区域也是 case3 最多，而 case1 最少。由 386 ℃A 时缸内 NO_x 分布可知，case2 的 NO_x 分布浓度最高，而 case1 最少，且高浓度区域也是 case2 最多，而 case1 最少。综上说明，在 NO_x 生成初期，case3 的 NO_x 生成量最多；在 NO_x 生成后期，case2 最终的 NO_x 生成量最多。

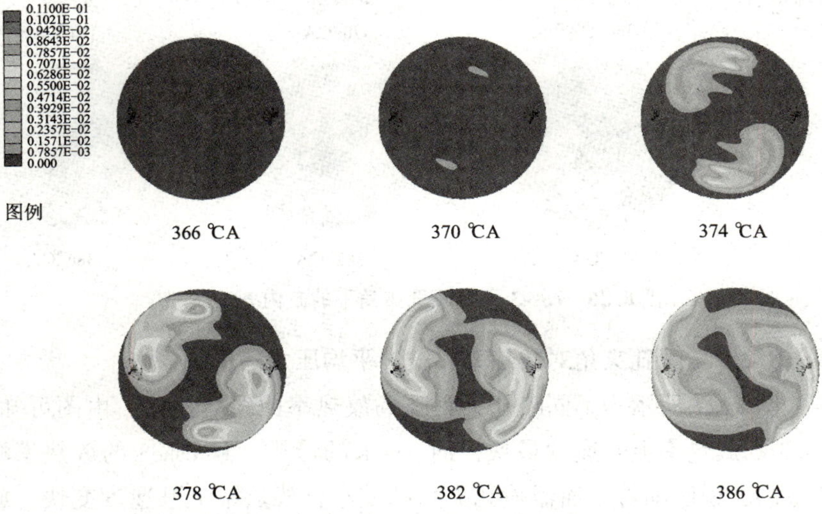

图 8. 24　case1 不同喷孔夹角下的缸内 NO_x 分布

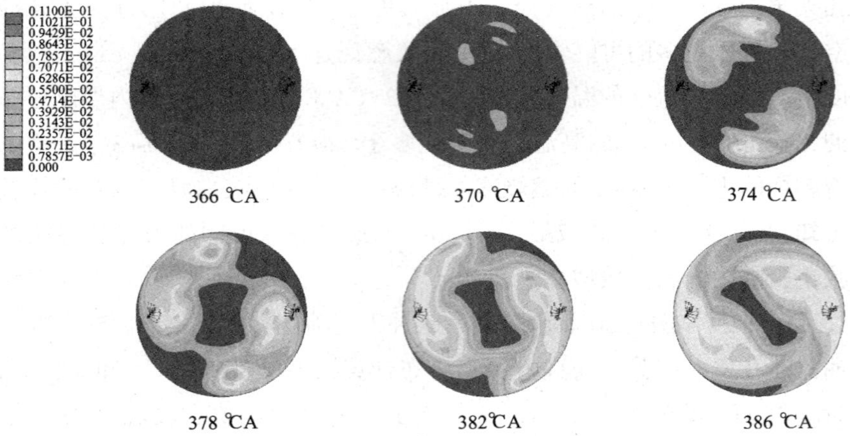

图 8.25　case2 不同喷孔夹角下的缸内 NO_x 分布

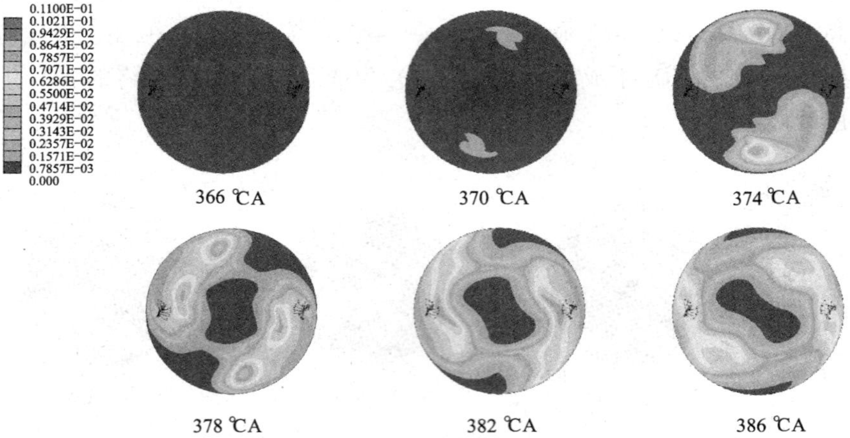

图 8.26　case3 不同喷孔夹角下的缸内 NO_x 分布

8.2.2　喷孔夹角对放热率和缸内平均压力的影响

图 8.27 所示为不同喷孔夹角下的放热率曲线对比图。由图可知，case3 的放热率上升速度最快，而 case1 的最慢，且 case3 的放热率峰值最高，说明随着喷油器喷孔夹角的减小，放热率上升速度变快，放热率峰值先降低再升高。这是因为随着喷孔夹角的减小，能更好地利

用近缸盖处的空气，形成更多的可燃混合气，同时燃烧的混合气增多，所以 case3 的放热率上升速率最快，峰值最高。

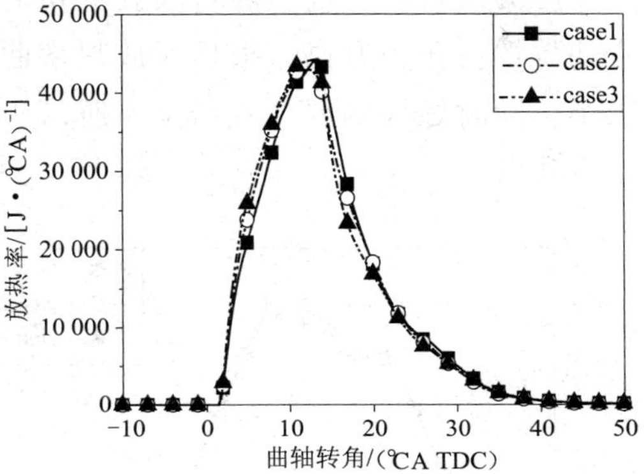

图 8.27　燃烧放热率

图 8.28 所示为不同喷孔夹角下的累积放热率曲线对比图。由图可知，case3 的燃烧速率明显高于 case2，而 case2 的又高于 caes1，随着燃烧的持续进行，在 23 ℃A TDC（数值比较）时 case2 的燃烧速率略微超过了 case3，这说明在燃烧初期 case3 的燃烧速率最快；随着燃烧的进行，case2 的燃烧速率最快。

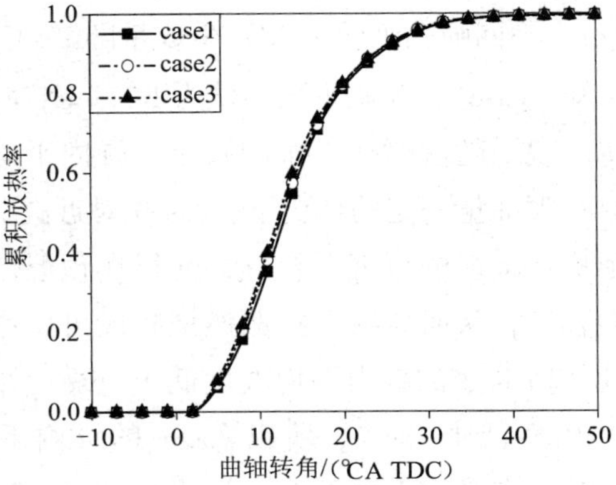

图 8.28　累积放热率

图 8.29 所示为不同喷孔夹角下的缸内平均压力曲线对比图。由图可知，case3 的压力上升速率最快，爆发压力最高，而 case1 的上升速率最慢，爆发压力最低，这说明随着喷孔夹角的减小，缸内压力上升的速度变快、爆发压力升高。根据对放热率曲线的分析，随着喷孔夹角的减小，同时燃烧的混合气增多，所以压力上升的速率更快，且爆发压力升高。

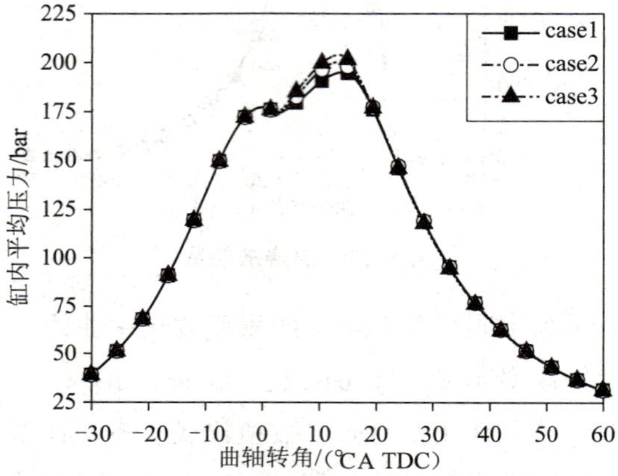

图 8.29　缸内平均压力

8.2.3　喷孔夹角对缸内平均温度和 NO_x 分布的影响

图 8.30 所示为不同喷孔夹角下 NO_x 生成量随缸内温度变化的曲线对比图。由图可知，case1 的平均温度峰值为 1 711 K，case2 为 1 720 K，case3 为 1 710 K，说明随着喷孔夹角的减小，缸内平均温度先增大后减小。这是因为在喷油量一定的情况下，case3 对近缸盖空气的利用率高，在滞燃期形成了最多的可燃混合气，使得在预混燃烧阶段消耗掉了最多的可燃混合气，从而导致在扩散燃烧阶段可供燃烧的可燃混合气少于 case2，所以 case3 的缸内平均温度低于 case2；同时 case1 对于近缸盖空气的利用率低于 case2，所以 case1 的缸内平均温度也低于 case2，即 case2 的缸内平均温度最高。这也导致 case2 的 NO_x 生成量最多。

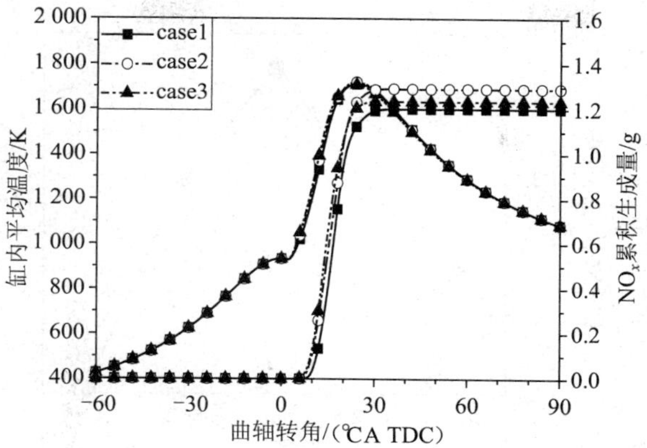

图 8.30　NO_x 随缸内温度变化的曲线

图 8.31 所示为不同喷孔夹角下 NO_x 生成量随喷孔夹角变化的曲线。为了找到准确的变化规律，在原有三个 case 的基础上补充计算了两个方案，case4、case5 的最大夹角分别为 $A_1+2.5$ 和 $A_1-2.5$。这样 5 个方案的最大喷孔夹角分别为 A_1+5、$A_1+2.5$、A_1、$A_1-2.5$、A_1-5。由图可知，case1、case4、case2、case5 和 case3 最终的 NO_x 生成量分别为 1.201 5 g、1.259 3 g、1.290 7 g、1.255 9 g 和 1.234 2 g。case4 的 NO_x 生成量比 case2（原机）减少了 2.4%，case1 的又比 case4 的减少了 4.6%；case5 的比 case2 的减小了 2.7%，case3 的又比 case5 的减少了 1.7%。可以得出结论：随着喷孔夹角的减小，NO_x 生成量先增加后减少，当原机喷孔夹角（同时）减幅在 5°之内，喷孔夹角每减小 2.5°，NO_x 生成量减少 1.5% ~ 3%；当原机喷孔夹角（同时）增幅在 5°之内，喷孔夹角每增大 2.5°，NO_x 的生成量将减少 2.5% ~5%；原机在喷孔夹角下 NO_x 的生成量最大。

8.2.4　喷孔夹角对综合性能的影响

本节计算了在不同喷油器喷孔夹角下的缸内喷雾和燃烧过程，得到了 285 ~470 ℃A 部分的循环综合性能，具体如表 8.4 所示。

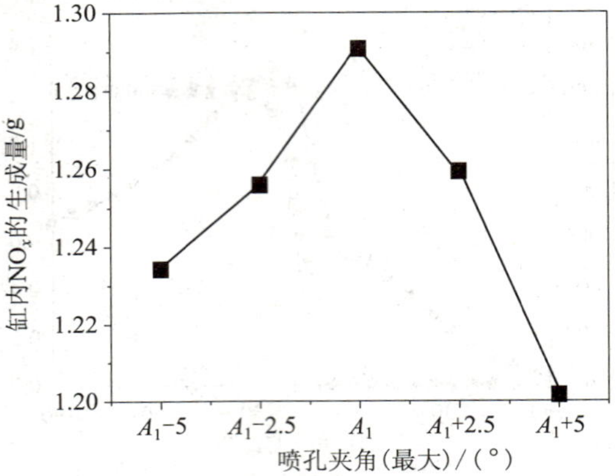

图 8.31　缸内 NO_x 的生成量随喷孔夹角变化的曲线

表 8.4　不同喷孔夹角下的循环综合性能

方案	循环功率/kW	循环燃油消耗率/($g\cdot kW^{-1}\cdot h^{-1}$)	比排放/($g\cdot kW^{-1}\cdot h^{-1}$)
case1	1 948. 6	152. 0	12. 2
case2 （原机）	1 962. 2	150. 9	13. 0
case3	1 959. 3	151. 2	12. 4

由表 8. 4 可知，在喷油量一定、喷孔个数相同的前提下，随着喷孔夹角的减小，柴油机的循环功率先上升后下降，case2（原机）的循环功率比 case1 的提高了 0. 7%，相比于 case3 提高了 0. 1%；从循环燃油消耗上来看，随着喷孔夹角的减小，循环燃油消耗率先降低后升高，case2 的燃油消耗率比 case1 降低了 0. 7%，相比于 case3 降低了 0. 2%；从比排放上来看，随着喷孔夹角的减小，比排放先增多后减少，case2 的比排放比 case1 增多了 6. 6%，相比于 case3 增多了 4. 8%。综上所述，随着喷孔夹角的减小，循环功率先升高后降低，循环燃油消耗率先降低后升高，但比排放则是先增多后减少。

8.3　喷孔方向对船用低速柴油机燃烧过程的影响

喷孔方向也是船用低速机喷油器的一个重要参数，由于喷孔方向不同，直接影响柴油机缸内燃油的喷射方向和混合气的形成，进而对燃烧过程和排放物的生成产生影响。

本节在喷油器结构不变的情况下，绕喷油器自身轴线调整喷油器方向，即调整喷孔方向，研究其对船用低速柴油机喷雾和燃烧过程的影响，并分析对燃烧和排放性能的影响规律。图8.32所示为某船用低速柴油机装配的喷油器喷嘴部分的几何模型，图中的截面就是喷孔轴线所在的截面，4个箭头代表4个喷孔轴线，即喷孔方向。图8.33所示为原机的喷孔方向示意图，将其命名为case1，缸内涡流方向为逆时针方向。根据文献［17］的结论，喷孔方向过于逆着缸内涡流方向，SOOT生成量会增多，所以本节提出的研究方案是将喷孔方向以喷油器的轴线为轴线，涡流方向为正方向，调整10°、20°，即顺着涡流方向调整，将其分别命名为case2、case3。

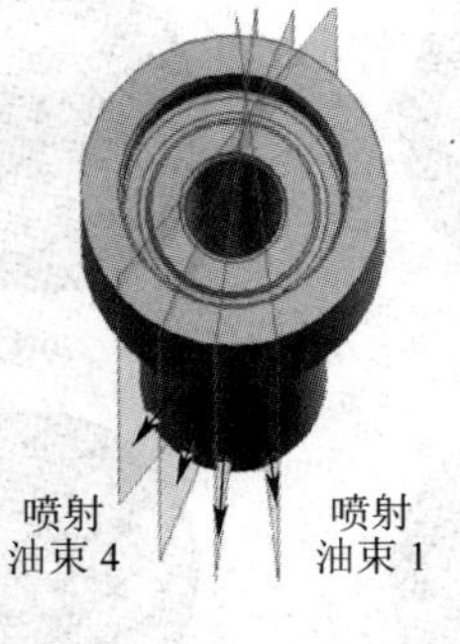

图 8.32　喷嘴几何模型

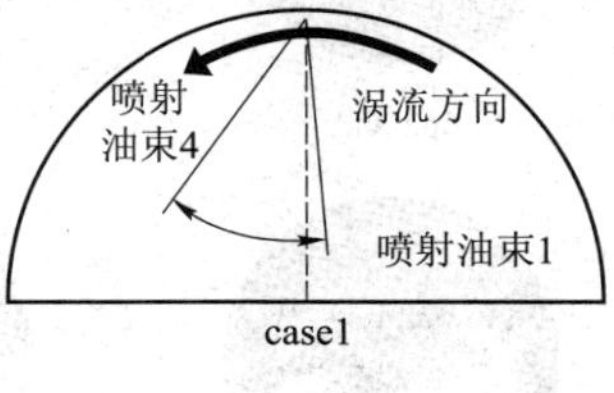

图 8.33　原机的喷孔方向示意图

顺着涡流方向调整10°、20°，调整后的喷孔方向如图8.34所示。

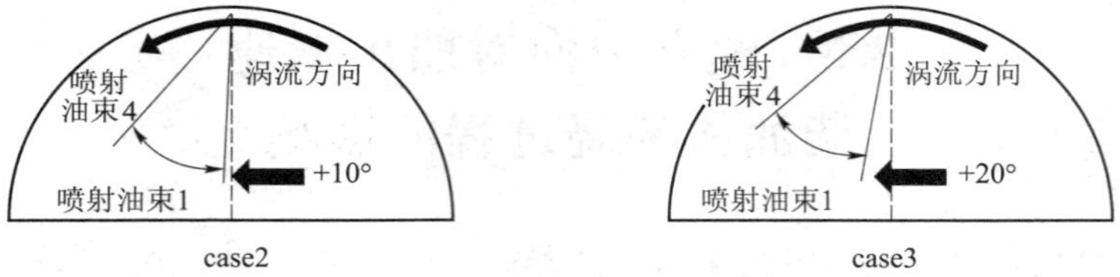

图 8.34 调整后喷孔方向示意图

8.3.1 喷孔方向对缸内燃油、温度及 NO_x 分布的影响

图8.35～图8.37 所示分别为三种不同喷孔方向下不同时刻，在喷油器喷孔所在横截面缸内的燃油分布计算结果。由 366 ℃A 和 370 ℃A 时的缸内燃油分布可知，case3 燃油蒸气前端距缸壁最近，case1 距缸壁最远，这说明随着喷孔方向调整角度的增大，燃油蒸气分布的区域更靠近缸壁，这是因为随着喷孔方向调整角度的增大，燃油蒸气受涡流的周向速度影响变大，所以 case3 燃油蒸气最靠近缸壁。由 374 ℃A 和378 ℃A 时的缸内燃油分布可知，case1 燃油蒸气扩散得最远，case3 燃油蒸汽扩散最近，这说明随着喷孔方向调整角度的增大，燃油蒸气扩散的距离变近。

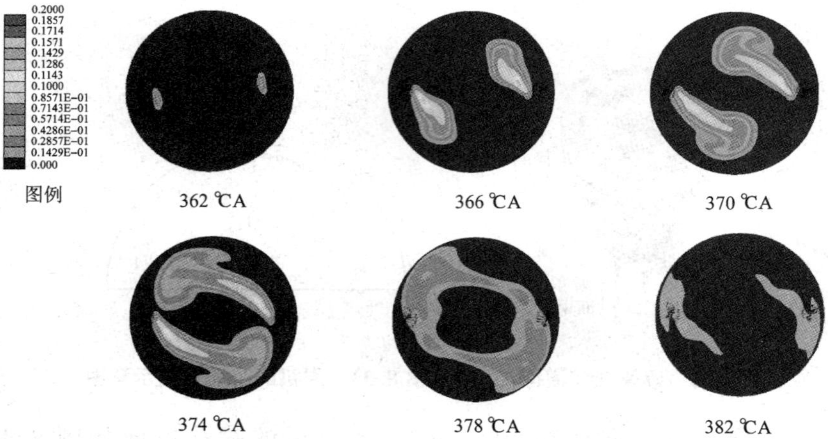

图 8.35 case1 喷孔方向下的缸内燃油分布

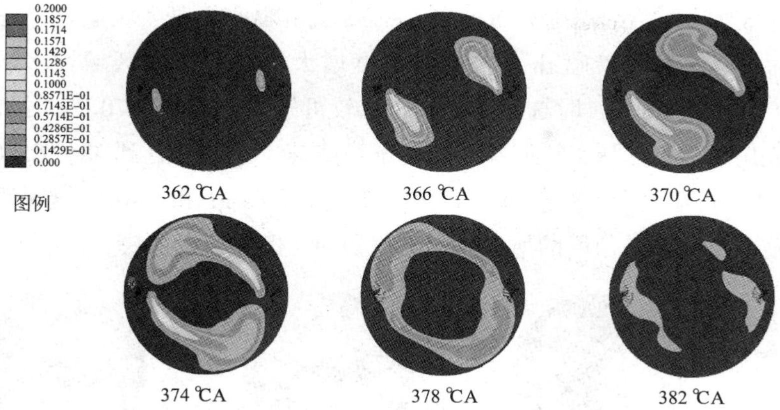

图 8.36　case2（10°）喷孔方向下的缸内燃油分布

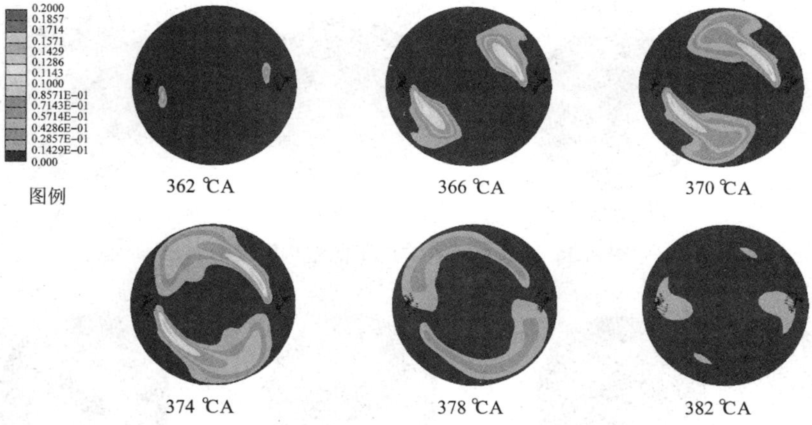

图 8.37　case3（20°）喷孔方向下的缸内燃油分布

图 8.38 ~ 图 8.40 所示分别为三种不同喷孔方向下不同时刻，在喷油器喷孔所在横截面的缸内温度分布计算结果。由 366 ℃A 和 370 ℃A 时缸内温度分布可知，case1 温度分布距离缸壁较远，case3 温度分布距离缸壁较近，且 case3 的“高温气团”（温度升高是由混合气燃烧引起的，燃烧产生了高温气团）最早与缸壁接触，而 case1 的“高温气团”与缸壁接触最晚；这说明随着喷孔方向调整角度的增大，缸内温度分布距离缸壁更近，而且“高温气团”最早与缸壁接触。由 374 ℃A

和 378 ℃A 时缸内温度分布可知，case3 气缸中心低温区域最大，case1 的最小，说明随着喷孔方向调整角度增大，缸内未燃区域增多。由 370 ℃A 和 386 ℃A 时缸内温度分布比较可知，case3 在 370℃A 时缸内最先出现高温区域，说明在该情况下燃烧速率最快，且到 386 ℃A 时，case3 缸内温度分布最合理，温度并没有高于 case1 和 case2，这说明随着喷孔方向调整角度的增大，在燃烧初期，燃烧速率加快。

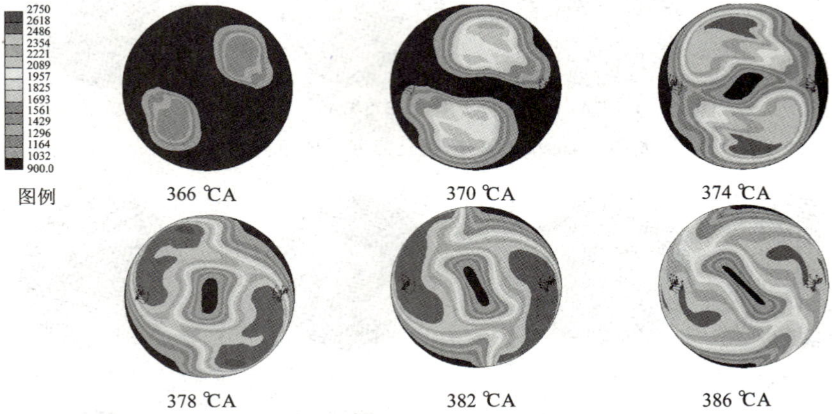

图 8.38　case1 喷孔方向下的缸内温度分布

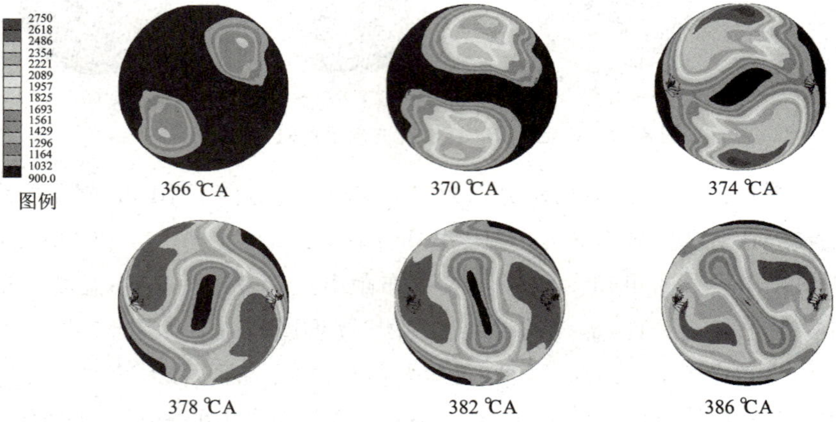

图 8.39　case2（+10°）不同喷孔方向下的缸内温度分布

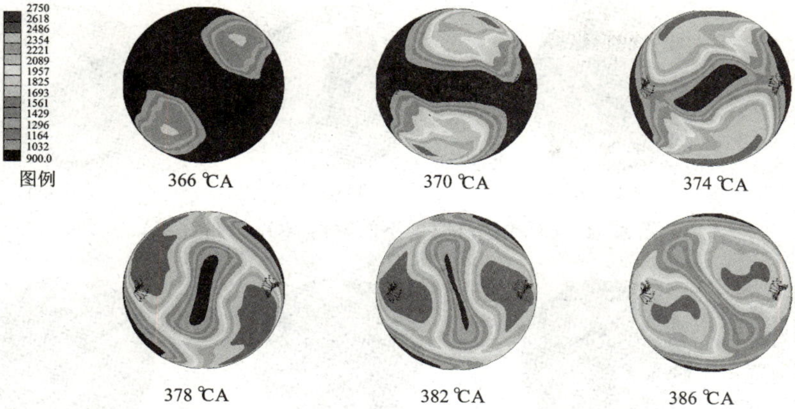

图 8.40　case3（+20°）不同喷孔方向下的缸内温度分布

在燃烧后期，燃烧速率减慢，这是因为随着喷孔方向调整角度的增大，燃油蒸气受涡流的影响增大，形成更多的混合气，使燃烧速率加快。而随着燃烧的进行，由于喷孔方向角度增大，高温气团更早地与壁面进行热量的交换，使燃烧速率在燃烧的后期反而减慢。

图8.41～图8.43所示分别为三种不同喷孔方向下不同时刻，在喷油器喷孔所在横截面的缸内 NO_x 分布计算结果。由 370 ℃A 时的缸内 NO_x 分布可知，case3 NO_x 分布浓度最大，而 case1 浓度最低，说明 NO_x 生成的初期，case3 的 NO_x 生成量最大；由 378 ℃A、382 ℃A 和 386 ℃A 时的缸内 NO_x 分布可知，case1 NO_x 分布浓度最高，而 case3 浓度最低，且 case1 的 NO_x 分布区域最大，而 case3 区域最少，这说明在 NO_x 生成后期，case1 最终的 NO_x 生成量最多。

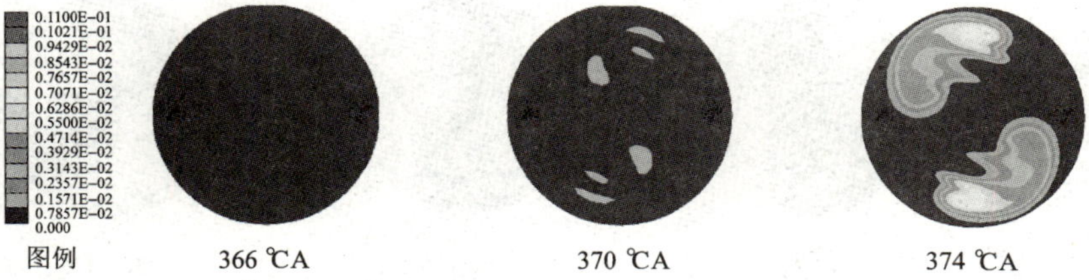

图 8.41　case1 喷孔方向下的缸内 NO_x 分布

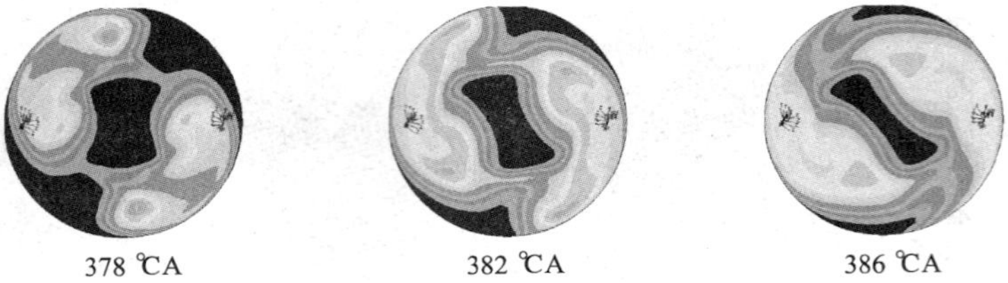

图 8.41　case1 喷孔方向下的缸内 NO_x 分布（续）

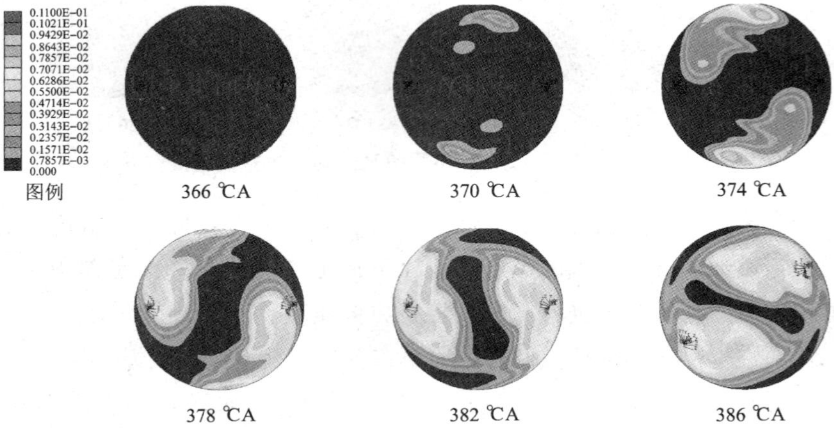

图 8.42　case2（+10°）喷孔方向下的缸内 NO_x 分布

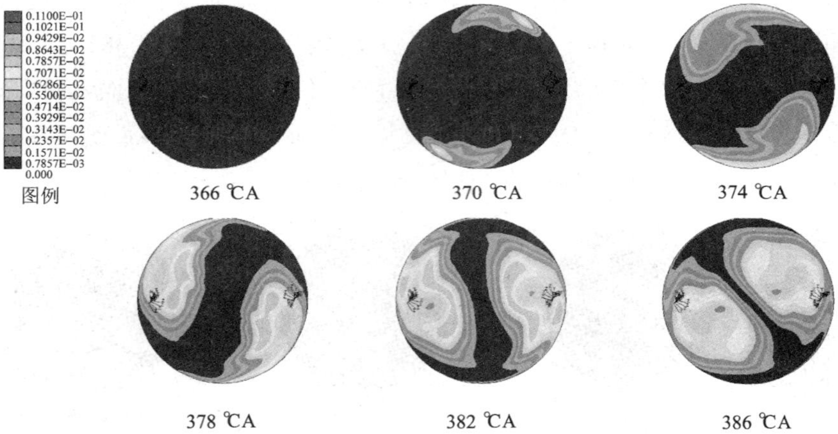

图 8.43　case3（+20°）喷孔方向下的缸内 NO_x 分布

8.3.2　喷孔方向对放热率和缸内平均压力的影响

图 8.44 所示为三种不同喷孔方向下的燃烧放热率曲线的对比图。由图可知，三种情况下放热率上升速率相差不大，case3 放热率升高速率略高，而 case1 略低；且 case3 放热率峰值最高，而 case1 放热率峰值最低，这说明随着喷孔方向调整角度的增大，放热率上升速率变快，放热率峰值升高，这是因为随着喷孔方向调整角度的增大，燃油蒸气受涡流影响增大，容易形成更多的混合气，同时燃烧的混合气增多，所以放热率上升速率变快，放热率峰值升高。

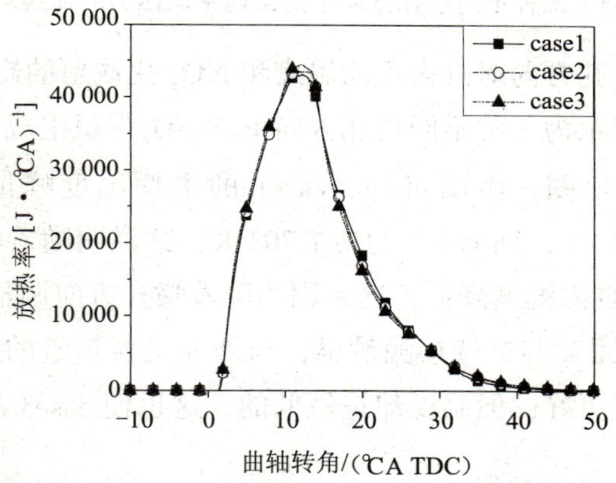

图 8.44　三种不同喷孔方向下的燃烧放热率曲线

图 8.45 所示为三种不同喷孔方向下的缸内平均压力的曲线对比图。由图可知，case3 缸内压力上升速率最快，爆发压力最高，而 case1 缸内压力上升速率最慢，爆发压力最低，但三者之间差距不大，这说明随着喷孔方向调整角度的增大，缸内压力上升速率变快，爆发压力升高。根据对放热率曲线的分析，随着喷孔方向调整角度的增大，同时燃烧的混合气增多，所以压力上升的速率更快，而且爆发压力升高。

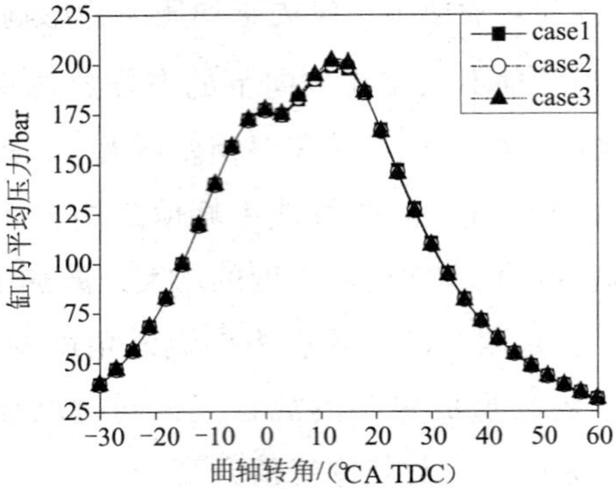

图 8.45　三种不同喷孔方向下的缸内平均压力的曲线对比图

8.3.3　喷孔方向对缸内平均温度和 NO_x 生成量的影响

图 8.46 所示为三种不同喷孔方向下的 NO_x 累积生成量随缸内温度变化的曲线对比图。由图可知，case1 的平均温度峰值为 1 720 K，case2 的为 1 710 K，而 case3 的为 1 704 K，这说明随着喷孔方向调整角度的增加，缸内温度降低。这是因为随着喷孔方向调整角度的增加，缸内“高温气团”与缸壁接触最早，与外界交换热量的时间长，即使 case3 燃烧情况更好，但温度却是最低的，这也使 case3 的 NO_x 生成量最少。

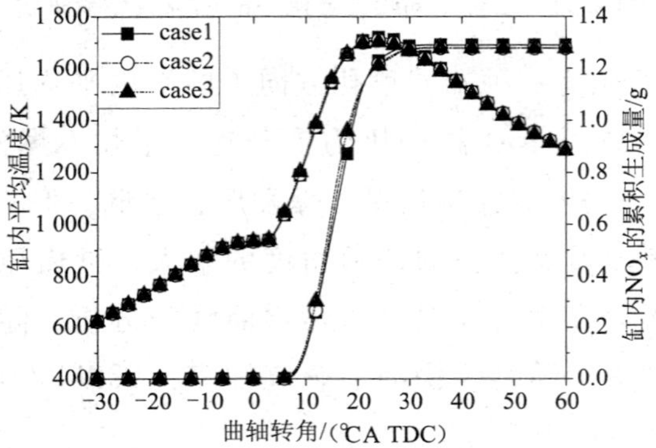

图 8.46　三种不同喷孔方向下 NO_x 生成量随缸内温度变化的曲线

图8.47所示为三种不同喷孔方向下NO_x生成量随喷孔方向变化曲线。由图可知，case1、case2和case3的NO_x最终生成量分别为1.290 7 g、1.278 6 g和1.278 2 g，case2的NO_x生成量比case1的降低了0.9%，而case3的比case2的稍有降低。这说明随着喷孔方向调整角度的增大，NO_x的生成量减少，且减小幅度逐渐减小。

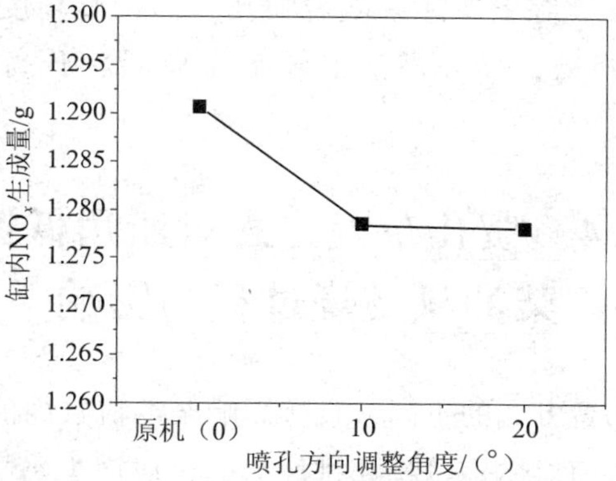

图8.47　NO_x生成量随喷孔方变化曲

8.3.4　喷孔方向对综合性能的影响

本节计算了在不同喷油器喷孔方向下的缸内喷雾和燃烧过程，得到了285～470 ℃A部分的循环综合性能，具体如表8.5所示。

表8.5　不同喷孔方向下的循环综合性能

方案	循环功率/kW	循环燃油消耗率/(g·kW⁻¹·h⁻¹)	比排放/(g·kW⁻¹·h⁻¹)
case1	1 962.2	150.93	13.0
case2	1 962.9	150.88	12.8
case3	1 953.5	151.61	12.9

由表8.5可知，随着喷孔方向调整角度的增大，柴油机的循环功率先上升后下降，case2的循环功率比case1的提高了0.04%，

case3 的又比 case2 的降低了 0.5%；从循环燃油消耗上来看，随着调整角度的增大，循环燃油消耗率先降低后升高，case2 的循环燃油消耗率比 case1 的降低了 0.03%，case3 的又比 case2 的升高了 0.5%；从比排放上来看，随着调整角度的增大，比排放先减少后增多，case2 的比排放比 case1 的减少了 1.5%，case3 的又比 case2 的增多了 0.8%。综上所述，随着喷孔方向调整角度的增大，循环功率先升高后降低，循环燃油消耗率先降低后升高，但比排放是先减少后增多。

8.4 喷孔布置方式对船用低速柴油机燃烧过程的影响

由于喷孔布置方式的不同，直接影响柴油机缸内的燃油分布及混合气的形成，进而对燃烧过程和排放物的生成产生影响，因此，喷孔的布置方式是影响柴油机燃烧性能的重要因素。

本节设计了一种双层喷孔的喷油器，与原来的单层喷孔喷油器相比，该喷油器的喷孔采用双层、交错的排布方式，一方面可以减少相邻油束之间的相互干涉，另一方面可以使燃油分布区域更广，提高了气缸内的空气利用率。

本节针对 4 ×0.85 mm 的喷油器，对单层和双层喷孔方案进行模拟计算，研究喷油器喷孔布置方式对某船用低速二冲程柴油机喷雾和燃烧过程的影响，并分析对燃烧和排放性能的影响规律，具体方案如图 8.48 所示。

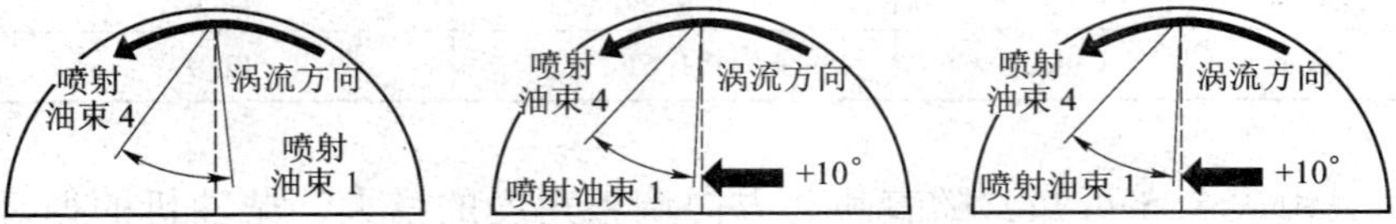

图 8.48 喷孔布置方式示意图

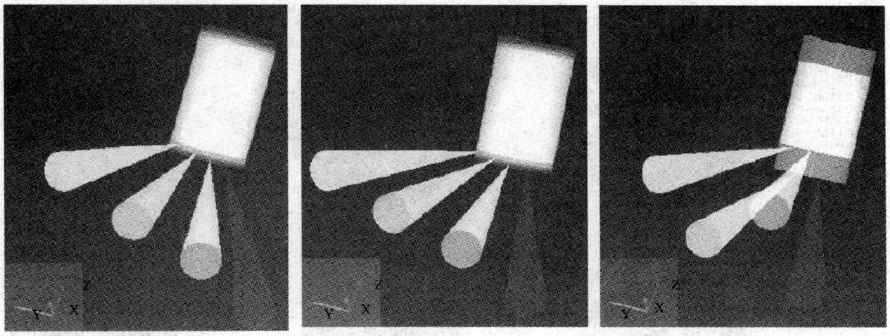

（a）　　　　（b）　　　　（c）

图 8.48　喷孔布置方式示意图（续）

（a）case1——单层（原机喷孔方向）；（b）case2——单层（喷孔方向旋转 10°）；
（c）case3——双层（喷孔方向旋转 10°）

8.4.1　喷孔布置方式对缸内燃油、温度及 NO_x 分布的影响

图 8.49 ~ 图 8.51 所示分别为不同喷孔布置方式下不同时刻，在喷油器喷孔所在横截面的缸内燃油分布计算结果。

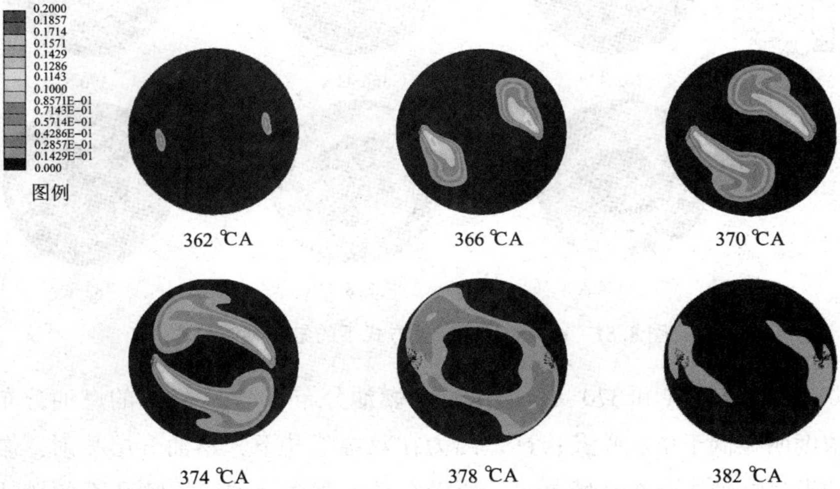

图 8.49　case1 喷孔布置方式下的缸内燃油分布

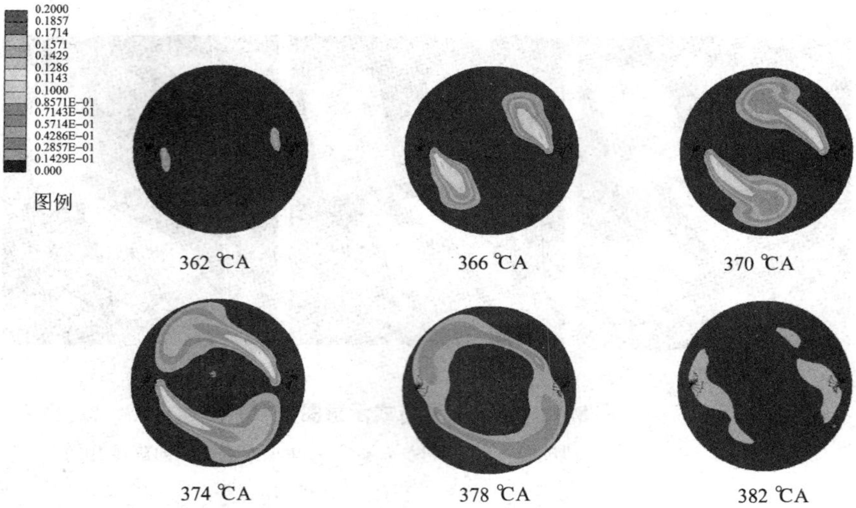

图 8.50　case2 喷孔布置方式下的缸内燃油分布

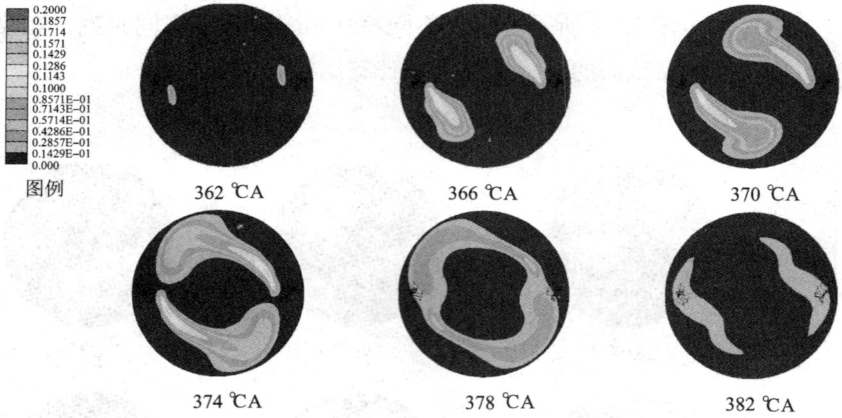

图 8.51　case3 喷孔布置方式下的缸内燃油分布

由 366 ℃A 和 370 ℃A 时的缸内燃油分布可知，case3 的燃油分布浓度明显低于单层喷孔；这是因为在双层喷孔下，燃油分层喷射，燃油沿气缸轴线分布区域更广，所以在某一截面上的双层喷孔下的燃油分布浓度较低。

图 8.52 ~ 图 8.55 所示分别为不同喷孔布置方式下不同时刻，在喷油器喷孔所在横截面的缸内温度、NO_x 分布计算结果。由 370 ℃A 时的缸内温度分布可知，case3 的缸内温度与 case2 的差距不大，但 case3 的高温区域略多于 case2，说明燃烧初期，case3 下燃烧速率更快。由 382 ℃A 和 386 ℃A 时的缸内温度分布可知，case3 的缸内温度分布与 case2 的相似，说明燃烧后期，case3 和 case2 的燃烧速率差异不大。

由 370 ℃A 和 374 ℃A 时的缸内 NO_x 分布可知，case3 的缸内 NO_x 分布浓度明显高于 case2 的，说明在 NO_x 生成初期，case3 的 NO_x 生成量较多。由 382 ℃A 和 386 ℃A 时的缸内 NO_x 可知，case3 的 NO_x 分布浓度与 case2 相近，说明在 NO_x 生成后期，case3 与 case2 最终的 NO_x 生成量差异不大。

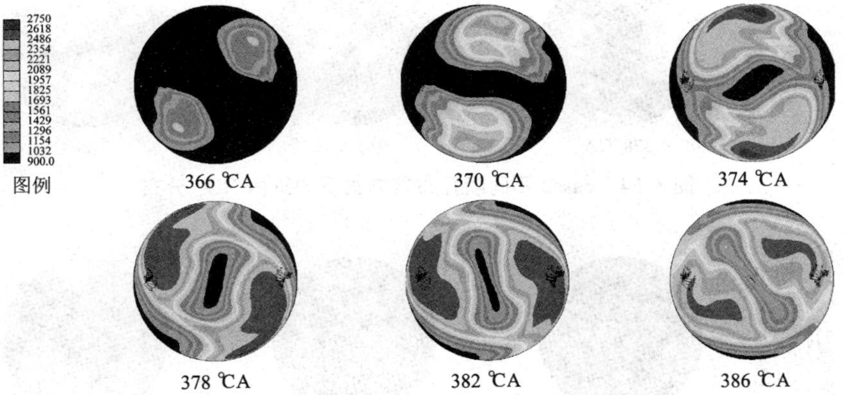

图 8.52　case2 喷孔布置方式下的缸内温度分布

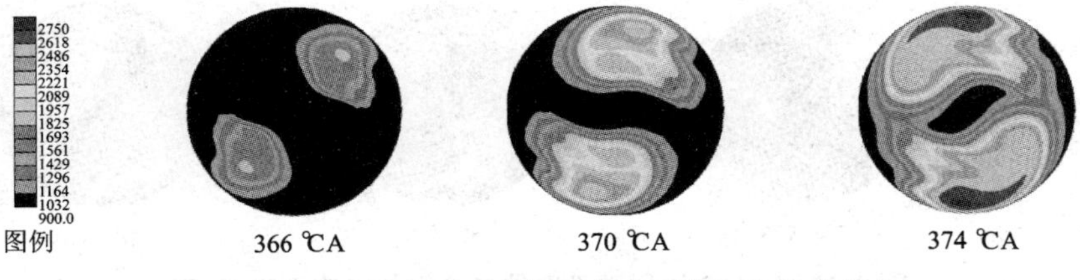

图 8.53　case3 不同喷孔布置方式下的缸内温度分布

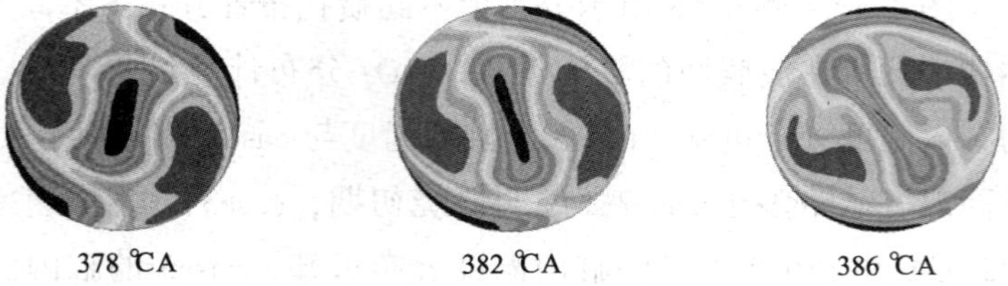

图 8.53　case3 不同喷孔布置方式下的缸内温度分布（续）

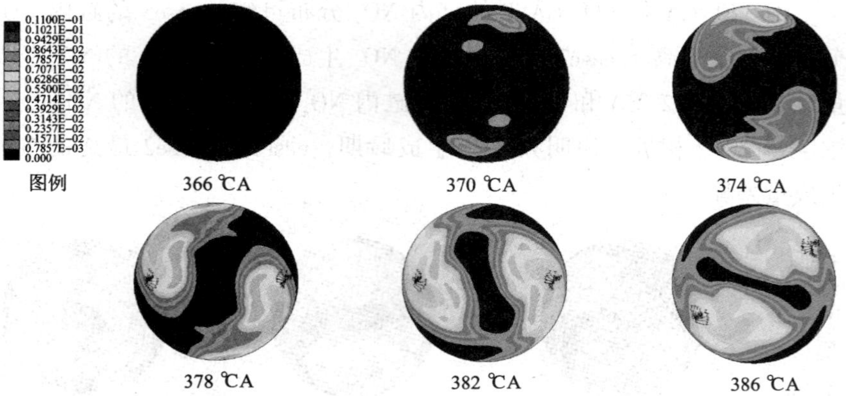

图 8.54　case2 不同喷孔布置方式下的缸内 NO_x 分布

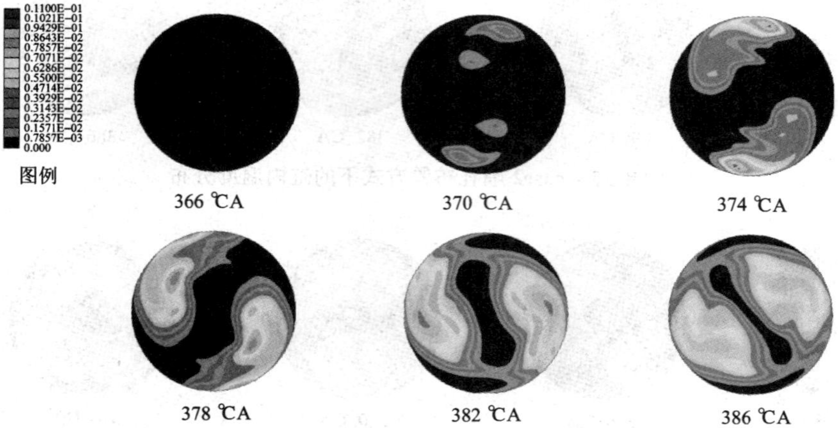

图 8.55　case 3 不同喷孔布置方式下的缸内 NO_x 分布

8.4.2　喷孔布置方式对放热率和缸内平均压力的影响

图 8.56 所示为不同喷孔布置方式下的放热率曲线对比图。由图可知，case3 的放热率上升速率略快，放热率峰值更高，这说明 case3 与 case2 相比，放热率上升速率更快，放热率峰值更高。这是因为双层喷孔下燃油分层，交错喷射，分布区域更广，容易形成更多的混合气，同时燃烧的混合气增多，所以放热率上升速率变快，放热率峰值升高。

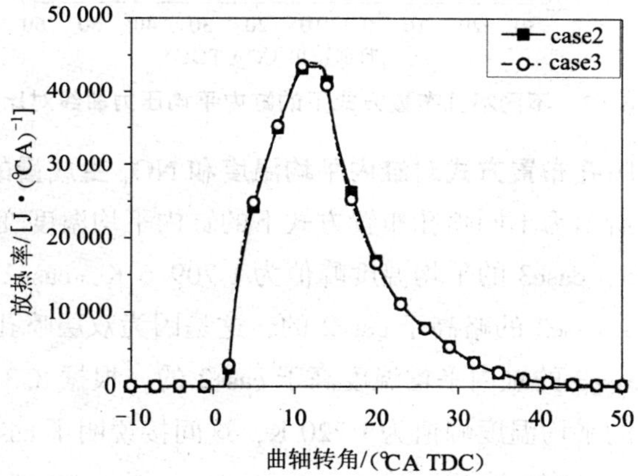

图 8.56　不同喷孔布置方式下的燃烧放热率曲线对比图

根据 8.3 节的分析可知，case2 的放热率上升速率、放热率峰值均高于 case1 的，间接说明 case3 的放热率上升速率、放热率峰值均高于 case1。

图 8.57 所示为不同喷孔布置方式下的缸内平均压力曲线对比图。由图可知，case3 的缸内压力上升速率略快，爆发压力略高，这说明 case3 与 case2 相比，缸内压力上升速率略快，爆发压力略高。根据对放热率曲线的分析，同时由于燃烧的混合气增多，所以压力上升的速率更快，而且爆发压力更高。

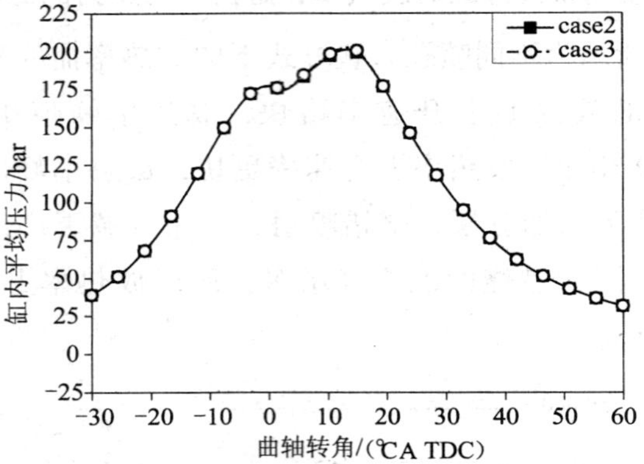

图 8.57　不同喷孔布置方式下的缸内平均压力曲线对比图

8.4.3　喷孔布置方式对缸内平均温度和 NO_x 生成量的影响

图 8.58 所示为不同喷孔布置方式下的缸内平均温度变化曲线对比图。由图可知，case3 的平均温度峰值为 1 709.6 K，case2 的平均温度为 1 708.5 K，case3 的略高于 case2 的，这是因为双层喷孔的燃烧情况更好，所以 case3 的缸内平均温度高于 case2 的。根据 8.3 章节的分析可知，case1 的平均温度峰值为 1 720 K，这间接说明了 case3 的缸内平均温度低于 case1 的。

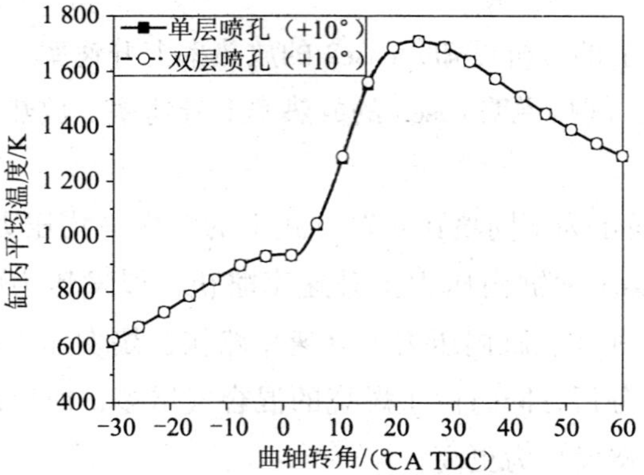

图 8.58　不同喷孔布置方式下的缸内平均温度曲线